Ulrike Scharner

Die verborgene Botschaft der Bäume

Verlag Asinel

1. Auflage 1993

Umschlag und Illustration	Claus Scharner
Textverarbeitung und Gestaltung	Marcel Röhl Claus Scharner
Belichtung	Buchdruckwerkstätten Hannover GmbH, Hannover
Druck	Druck- und Verlagshaus J. C. Erhardt GmbH, Springe
buchbinderische Verarbeitung	Buchbinderei Büge, Celle

Printed in Germany

ISBN 3-9803353-9-9

Inhaltsverzeichnis

Für

Claus, Veronika - Maria und Sebastian

„In der Natur sind große geheime Kräfte enthalten, und wenn sie von den Hindernissen befreit werden, die ihrer Entwicklung im Wege stehen, so ist es, als ob ein gefangener Mensch seiner Bande entledigt wird..."

Paracelsus

Vorwort

Viele meiner Seminarteilnehmer haben mich ermutigt, einmal schriftlich darzulegen, wie Symbole und Bilder gedeutet werden können. Nun ist dieses kein Lehrbuch, um mit festgelegten Schritten, den mehrdeutigen Analogiecharakter zu finden, der in einem Symbol oder Bild vorhanden ist. Vielmehr verstehe ich das vorliegende Buch als "Beobachtungshilfe" und Anregung für alle, die den ersten Schritt zur selbständigen und immer subjektiven Deutung von Symbolen und Bildern gehen wollen. Dieser erste Schritt besteht allerdings in der Einübung von Konzentration, Meditation und Kontemplation. Denn nur über die Ausbildung dieser "Lebensweisen" wird sich späterhin der höchste Sinn eines Symboles oder Bildes wie von selbst entfalten.

Als ich mit der Arbeit an diesem Buch begann, stellte sich bald heraus, daß das von mir gesammelte Material den annährend festgelegten Buchumfang sprengen würde. So entschloß ich mich, zuerst die Bäume und ihre Symbole "zur Sprache" zu bringen.

Eine weitere Anregung dazu erhielt ich während eines USA-Aufenthaltes von einem Navajo-Häuptling. In den Gesprächen die wir führten, teilten wir nicht nur die Sorge um die Zukunft unserer Erde, wir versicherten uns auch der gemeinsamen Liebe zu den "verlorenen", kranken und gesunden Wäldern und Bäumen auf unserem Planeten. Als ich ihm von meiner Absicht erzählte, ein Buch über die Symbolkraft der Natur zu schreiben, empfahl er mir, den Bäumen ein besonderes Kapitel zu widmen.
Die in diesem Buch eingewobenen Geschichten mit "Der-den-Frieden-lebt" hatte ich vor der Begegnung mit dem Navajo-Häuptling geschrieben. Dem Leser ist allerdings freigestellt, die Geschichten um "Der-den-Frieden-lebt" damit in Verbindung zu bringen, womit er eine erste analogische Deutung vorgenommen hätte.

Ungeachtet der vielen Anregungen lieber Freunde, hätte das Buch in seiner vorliegenden Form nicht entstehen können, wenn nicht mein Mann, Heidrun und Carsten Winkler, Marcel Röhl und Rolf Schatzberg mit Rat und Tat dabei geholfen hätten. Ich danke ihnen von ganzem Herzen.

Der Baum

In all seinen Variationen hat die Natur den Baum zu einer ihrer liebreizendsten Darstellungen erhoben. Mit seiner zarten bis herben natürlichen Schönheit erfreut er den naturverbundenen Menschen. Im Zusammenspiel mit all den Entfaltungen der Natur hat er für das Leben und vielleicht sogar für das Überleben der Menschheit eine herausragende Bedeutung. Und über die Jahrtausende bezog der Mensch aller Kulturen den Baum in seinen Symbolschatz ein. Dabei symbolisiert die Wurzel des Baumes irdische Gebundenheit, Festigkeit und Halt. Die Wurzeln wachsen ins Innerste der Erde -in den Bauch der Mutter Erde- , von wo aus sie die Nahrung „der Mutter“ bis in die Krone schicken. Die Krone symbolisiert den Himmel, den Ort des Sieges über den Tod: Unsterblichkeit. Eine erste Verbindung zwischen Mutter Erde und Vater Himmel wird aufgenommen. Über den Stamm als direkten Bezug stellen sich das Weibliche und Männliche, völlig voneinander verschieden, aber unzertrennlich miteinander verbunden, dar. Kaum etwas in der Natur oder in der Symbolik vermag so sehr Polarität und Einheit, Gegensatz und Verbundenheit in sich zu integrieren wie der Baum.

Wenn nun die Wurzeln des Baumes in den Bauch (Gebärmutter) der Mutter Erde hineingehen, finden sie Ruhe, Freundlichkeit, Wohlergehen und tiefe Geborgenheit. Hier holen sie sich ihre Nah-

rung, die sie auf den ganzen Organismus verteilen. Zuerst auf den Stamm, der das Rückgrad des Baumes bildet, entsprechend dem Rückgrad des Menschen. Dem Stamm des Baumes können wir entnehmen, ob die Lebenskräfte gut fließen oder ob sie gestaut sind.
Der Stamm ist der Vermittler zwischen oben und unten, zwischen Himmel und Erde, symbolisch zwischen Persönlichkeit und Seele. Er repräsentiert die Energie des Sohnes als Gotteskind (Gottvater, Sohn und Mutter).
Am Stamm des Baumes kann sich jeder aufrichten. Hier ist der Ort der Mitte und der Balance. Wer den Blick erhebt, schaut in die Krone des Baumes, die vom Geäst, den Zweigen und den Blättern gebildet wird. Vögel und Kletterer leben in ihr, finden Nahrung und Schutz während eines bestimmten Zeitraumes. Die lebensspendende Kraft der Sonne erwirkt durch die Photosynthese in den Blättern eine Umwandlung ihrer Energie. Dies ist ein Vorgang im und am Baum, der symbolisch auf die Bereitschaft des Menschen weist, an einer kosmischen Entwicklung teilnehmen zu wollen. Und wenn der Rhythmus der Jahreszeiten den Kronen der Laubbäume Fülle und Kahlheit aufzwingt, erahnt der Mensch etwas von Leben, Tod und Wiedergeburt. Erst wenn der Baum über die Jahre dem Ablauf natürlicher Prozesse gefolgt ist, bezeugt der Anblick seiner Krone etwas von seiner Persönlichkeit, seiner Weisheit und schöpferischen Lebenskraft.
Die Symbolik des Baumes scheint unerschöpflich zu sein. So ist der Baum Wächter und Sitz von Geistern und Gottheiten. In der Bibel tritt er

als „Baum des Lebens“ und als „Baum der Erkenntnis“ auf.
Wer sich aber aufmacht, *seinen* Baum zu finden, dem enthüllt er seine spezifische Weisheit.

Kleine Blume

Immer wieder zieht es mich zum Fluß. Auch heute will ich an seinem Ufer sitzen. Aber allem Anschein nach bin ich ihm heute zuviel, denn ich vermisse seinen silbernen Ruf, der mich sonst schon in der Ferne einlädt, doch bei ihm Rast zu machen. So gehe ich den steilen Pfad zum nahegelegenen Wald, um *meine* Lichtung aufzusuchen. Ich krieche bald durch dichtes Unterholz und genieße den feucht-modrigen Geruch des Waldbodens. Wie ein Tier bemühe ich mich, so lautlos wie möglich vorwärtszukommen. Dabei spüre ich das konzentrierte Zusammenspiel meiner Sinne.
Endlich habe ich mein Ziel erreicht und setze mich unter die prächtige Kastanie, das Herzstück der Lichtung und wohl auch des ganzen Waldes. Im Schatten der Kastanie werde ich bald ruhig und lausche den vielfältigen Geräuschen des Waldes, die zu einem frohen Gesang zusammenfließen.
Plötzlich reißt mich ein Knacken aus meiner Ruhe. Ich richte mich auf und stelle mich direkt neben den Baumstamm. Und nun sehe ich, wie ein Hirsch mit mächtigem Geweih die Lichtung betritt. Witternd hebt er seinen Kopf, und ich spüre, daß er mich wahrgenommen hat. Mein Herz schlägt wild, und meinen Atem kann ich kaum

zügeln. Der Hirsch kommt näher. Durch seine gelbbraunen Augen, mit denen er mich unverwandt anschaut, sehe ich wie durch ein Fenster in eine andere Welt. Je mehr ich versuche, seinem Blick standzuhalten, um so mehr nimmt er mich in seinen Bann. Jetzt sehe ich zu meiner größten Verwunderung, wie sich in seinen Augen Bilder und Szenen meiner Kindheit formen.......

.... Tief versunken beobachte ich die kleinen Kaulquappen im seichten Wasser des Polandsbaches, der fast vollständig mit Büschen und Gräsern überwuchert ist. Mit meinen kleinen Händen schöpfe ich von seinem kühlen Wasser und bin entzückt, wenn die schwarzen Pünktchen erschreckt zurückweichen, um aber sogleich zurückzukehren.

Plötzlich nehme ich auf der gegenüberliegenden Uferseite einen Hirsch wahr. Neben ihm steht ein alter Mann, der mich freundlich anlächelt.

Während sich der alte Mann auf einen Stein setzt, um mich bei meinem Tun zu beobachten, geht der Hirsch langsam in den Wald zurück.

„Bist du jemand, vor dem ich Angst haben muß?" frage ich.

„Oh nein, du brauchst dich nicht zu fürchten, außerdem bleibe ich hier sitzen. Ich bin zu dir gekommen, um dir von Bäumen, Tieren und Steinen zu erzählen. Wenn sie dann eines Tages fortgegangen sind, kennst du noch ihre Namen und Geschichten" sagt er liebenswürdig.

Dann beginnt er zu erzählen. Langsam und mit sanfter Stimme erzählt er die wunderlichsten Dinge. Er redet auch über die Sterne am Himmel, von der Sonne und dem Mond.

Nach einiger Zeit steht er auf und sagt: „Achte auf den Hirsch, meine kleine Blume. Wenn du ihn wiedersiehst, wirst du wissen, wer ich bin, und du wirst wissen, was du zu tun hast.“

Damit steht der alte Mann auf, winkt mir zu und geht, wie zuvor der Hirsch, langsam in den Wald zurück.

Hinter mir raschelt es, und als ich mich umdrehe, sehe ich meine Mutter, die mich bei der Hand nimmt und nach Hause führt.......

.... Der Hirsch wendet sich ab, und fast bedächtig verläßt er die Lichtung. Ich reibe mir die Augen und meine, eine Weile geträumt zu haben.

In der Zwischenzeit ist es kühl geworden und mich friert. Etwas verwirrt nehme ich meinen Rückweg auf und überlege, ob ich seit meiner Kindheit jemals wieder dem alten Mann begegnet bin.

Nein, ich bin gewiß, ihn nie mehr gesehen zu haben. Ebenso habe ich nie mehr so nahe vor einem Hirsch gestanden - doch! Es ist keine fünf Minuten her.

Wer ist der alte Mann?

Was habe ich zu tun?

Zu Hause angekommen, setze ich mich an meinen Schreibtisch und beginne, eine Geschichte zu schreiben. Ich schreibe von Bäumen, Sträuchern, Steinen und von Sternen. Ich schreibe von der Sonne und dem Mond und von einem alten Mann.

Der Ahorn

Der in unseren Gegenden bekannteste Ahorn ist der Spitzahorn. Er ist ein ca. 25 Meter hoher Laubbaum mit dichter, stark verästelter, kugeliger Krone und einem schwärzlichen längsrissigen Stamm. Auf nährstoffreichen, lockeren Böden gedeiht er am besten. Insgesamt sind fast 500 verschiedene Ahornarten bekannt, u.a. der Bergahorn, der Feldahorn und der Zuckerahorn, der in Nordamerika und Kanada weit verbreitet ist. In der kanadischen Flagge ist ein rotes Ahornblatt abgebildet; das Staatswappen Kanadas weist sogar drei rote Ahornblätter auf.
Das Blatt sieht mit den fünf Spitzen am Blattrand wie eine Hand aus. Die Früchte gleichen kleinen Flügeln. Aus dem zuckerreichen Blutsaft des Zuckerahorns wird Sirup gewonnen, der in Amerika und Kanada häufig zum Frühstück mit Pfannkuchen angeboten wird.

Wenn der Ahorn in Dein Leben tritt, im Traum, in der Meditation, oder wenn Du eine starke Resonanz zu diesem Baum fühlst, so bist Du aufgerufen, dein Selbst zu finden. Du stehst noch zu sehr unter dem Einfluß anderer (Über-Ich). Den

Weg zu dir selbst findest Du am leichtesten über das Analogieverständnis und über persönliche Erfahrung. Außerdem solltest Du Dein Ego in den Blick nehmen, das sich an mancher Stelle zu stark entfaltet. Wenn Du Dich aufmachst, Deinen Weg zu suchen, sollte Dein logisches Denken dabei nicht zu verkrampft vorgehen, denn andere Einsichten und Anschauungen sind vielfach aus der Anschauung des Herzens entstanden. Wenn Du sie aber mittels *Deiner* Vernunft nicht wahrnimmst, mag das auf Kosten Deiner grundgelegten Herzlichkeit gehen. Willst Du wahrhaft Dein Ich finden, mußt Du seine Grenzen überschreiten, was bedeuten kann, daß Du Deine rationale Weltanschauung erst einmal auf den Kopf stellen mußt. Im Ahorn findest Du drei Analogien, die Dir bei Deinen ersten Schritten behilflich sein können:

Die Blätter des Ahorns sind zeichenhaft Arme und Hände, der Stamm und die Wurzeln Beine und Füße, und die Früchte symbolisieren Flügel, die Du entwickeln mußt. In der allgemeinen Symbolik weisen die Flügel immer auf die Liebe zu Gott hin. Ringe also um Gotteserkenntnis.

Hände und Arme symbolisieren die Liebe zum Nächsten und zu Dir selbst. Sieh also auf den anderen und übe Dich in der Nächstenliebe.

Die Beine und Füße symbolisieren die Liebe zur Natur. Gehe also in die Natur und beobachte sie mit neuen Augen.

Du bist kontemplativ veranlagt und voller schöpferischer Kraft. Wenn Du Dich auch nicht im Besitz dieser Kräfte fühlst, fange dennoch heute an, Dir Flügel wachsen zu lassen.

Den ersten Flügel erwirbst Du aus der Anstrengung. Der zweite wächst durch das bewußte Öffnen für das Licht, das aus Gott kommt.
Solche Anstöße sind für Dich eine Herausforderung. Nimm sie im besten Sinne an, denn Du neigst dazu, die Materie zu vergötzen und Deinen Verstand zu vergotten. Vergiß nicht, daß er zunächst von dem lebt, was er vorfindet. Für Dich könnte die Welt bald nur aus Gegenständen bestehen und nicht auch aus all den Seinsweisen, die jenseits aller Meßbarkeit liegen.

Betrachtung

Suche einen schönen Ahornbaum und betrachte ihn aufmerksam. Pflücke vorsichtig ein Blatt und iß es langsam auf. Zuerst schmeckt es säuerlich, aber nach längerem Kauen wird es süß.
Nun stelle Dich unter den Baum mit dem Rükken an den Stamm, und lege beide Handinnenflächen ebenfalls an den Stamm. Fühle, wie die Essenz des Baumes über das Blatt und den Stamm von Dir aufgenommen wird. Schließe Deine Augen und konzentriere Dich für eine Minute auf den Punkt etwas unterhalb des Nabels. Atme langsam, und jedesmal, wenn Du ausatmest, laß Deinen Atem dort in die Körpermitte einfließen. Atme so zwölfmal, dann konzentriere Dich auf die Region genau zwischen den Augenbrauen knapp oberhalb der Nasenwurzel. Atme in der gerade

beschriebenen Weise und laß Deinen Atem mit Deiner Vorstellungskraft in dieses Zentrum fließen. Während Du nun ganz entspannt bist, nimm die Botschaft dieses Baumes auf.......

Der Ahorn geht mit Dir das kühne Abenteuer ein, die Ebene der Erde und der irdischen Geschöpfe zu verlassen. Er wagt mit Dir den Flug in andere, unbekannte Regionen. Er hilft Dir, in die Welt des Lichtes zu gelangen und in die Welt der Freiheit von Schwerkraft und Anbindung. Du gelangst in die Reiche der Devas, der Leuchtenden, und in die Welt der Engel und deren Botschaften. Dann wirst Du ihre Hierarchien schauen und von ihren Aufgaben hören, die sie in unserem Universum, im Sonnensystem und auf unserem Planeten haben. Du wirst erfahren, warum ihnen die Schwere der Materie und das leidvolle Ringen in ihr erspart bleiben. In ihrer Welt ohne Furcht und Zorn dienen sie nur dem göttlichen Gesetz in ständig liebender Ergebung. Makellos, ohne Eigensucht und voller Weisheit handeln sie mitgestaltend am Plane Gottes. Die Devas unterscheiden sich ebenso wie die Engel und Menschen nach Rangordnungen, aber auch nach Lichtintensität, Bewußtseinsstufen, Farben und Klängen. Häufiger als Engel, gleichwohl sehr selten, verdichten sie ihre feinstoffliche Schwingung, wodurch sie für den Menschen sichtbar oder in feinen Blütendüften und zarten Herzensresonanzen spürbar werden. So leben sie ganz im Lichte Gottes, das ihr inneres Sehen und Gemüt erhellt. Voller Weisheit und unfähig der Aggression, können sie nicht der Dunkelheit oder Involution verfallen.

Aus einer Urahnung und Sehnsucht nach Freiheit und Frieden heraus versucht der Mensch immer wieder die Distanz zu diesen Welten und Wesenheiten aufzuheben. Und wenn sie sich auch selten über eine direkte Erfahrung dem Menschen offenbaren, so schafft er doch einen indirekten Kontakt über Religion, Mythos, Kunst und Symbolik. In der Malerei und in der Dichtung sind deshalb die Flügel der Engel gleichzusetzen mit der Sehnsucht des Menschen danach, sich gleich den Engeln von einer Seinsebene in die nächst höhere zu erheben. In diesem Sinne sind Flügel sichtbar gewordener Wille. Und werden Engel mit mehreren Flügeln dargestellt, dann weist dies auf ihren Rang und die Dimension ihrer Aufgaben hin. Während der Mensch der Dreidimensionalität verhaftet ist, vermag nämlich der Engel mit zwei Flügeln bis in die vierte Dimension zu gelangen. Ein Engel mit vier Flügeln gelangt in die fünfte Dimension u.s.w..

Aber jenseits aller Engeloffenbarung, Religion, Kunst und Symbolik besitzt der Mensch eine Kraft, die Begrenzung seiner Dreidimensionalität aufzuheben und sich den Engeln und Devas mitzuteilen. Es ist die Kraft der Gedanken, die sich in Klang, Form und Farbe in den anderen Dimensionen zeigt. Dieser Klang, diese Form und diese Farbe wird von den Engeln und Devas aufgenommen, die keine Wörter und Sprachen benötigen, um sich mitzuteilen. Ihre Gedankenenergien verbinden sie über Raum und Zeit und Licht hinaus, wann und wo sie wollen. Um aber mit der Gedankenenergie in die Ebenen der Engel und

Devas gelangen zu können, bedarf es der Läuterung des Herzens.......
Danke dem Ahorn für die tiefe Entspannung, die Du mit ihm erfahren durftest. Damit Du die Erfahrungen mit der wunderbaren Kraft Deiner Gedankenenergien nicht vergißt, lege Dir ab heute ein Engeltagebuch an.

Der Ahorn spricht:

Schweige und horche auf den Gesang meiner Blätter. Hörst du? Sie wehen immer noch den Lobgesang der Chöre herüber, die sich vor unserer Verbannung um mich versammelten. Und erkennst du nicht den Silberklang über der Melodie? Ich freue mich, deine Stimme wieder zu hören.

Der Apfelbaum

Dieser Baum hat in jeder Jahreszeit seine besondere Ausstrahlung. Im Frühjahr überscheint seine wunderschöne Blüte alle anderen, und in Gärten, Wiesen und Baumplantagen erstrahlen sie weithin sichtbar. Im Sommer hat sich der Apfel schon gut geformt und prägt zusammen mit dem dicht gereihten Blattwerk den Ausdruck des Baumes. Dann, im Herbst, leuchtet der Apfel von gelb bis tiefrot durch die Blätter. Im Winter zeigt der Baum sein weitgespanntes , grobfurchiges Geäst mit kurzen und ungleichmäßig gegabelten Zweigen.

In der christlich geprägten Kultur ist der Apfelbaum als Baum der Erkenntnis des Guten und Bösen bekannt. Wer von seiner Frucht ißt, erlangt Weisheit und Wissen. Adam und Eva wurden aus dem Paradies vertrieben, weil beide von der verbotenen Frucht aßen. Die altnordische Göttin Iduna wußte von der dem Apfel innewohnenden Kraft, die ewige Jugend verlieh, und ward Hüterin dieses Baumes. Der Schönheitsstreit der Göttinnen Hera, Athena und Aphrodite wurde durch das Parisurteil zugunsten der Aphrodite entschieden, weil er ihr einen goldenen Apfel überreichte. Immer wieder wird der Apfel mit Liebe

und dem Erwachen der Erotik in Verbindung gebracht, aber auch mit Gesundheit und Kraft (Reichsapfel).
Wird der Apfel quer durchgeschnitten, erkennt man einen Fünfstern, das Pentagramm: Symbol des Mikrokosmos, des Menschen, Schutz vor dunklen Kräften und Mächten.

Wenn der Apfelbaum oder seine Frucht, der Apfel, in Dein Leben tritt, im Traum, in der Meditation, oder wenn Du eine starke Resonanz zu ihm fühlst, dann weist dies darauf hin, daß Du ein treuer und zärtlicher PartnerIn bist, und die Liebe ist für Dich das Geheimnis des Lebens schlechthin. In Dir schlummert der Wunsch nach Reinheit und Unschuld. In Dir sitzt der tiefe Wunsch nach Vollkommenheit, und Du besitzt die Kraft, das Wissen dazu auf natürliche Weise zu erlangen. Der Apfel ist die einzige Frucht, die in ihrem aurischen Umfeld sieben feinstofflich angeordnete Farben trägt. Wer ihn verzehrt, darf gewiß sein, daß er im emotionalen und ätherischen Körper Blockaden löst und die Schwingung der Chakren* erhöht.

* Siehe: „Edelsteine, Heilkräfte, die aus der Erde kommen"

Gehe in einer sternenklaren Nacht hinaus in Deinen Garten und setze Dich auf eine Bank. Halte einen wohlgeformten Apfel in beiden Händen. Schau in den Himmel über Dir. Wenn Du die Vielzahl der Sterne siehst und dabei bedenkst, daß unsere Erde ein Staubkörnchen in unserer Galaxie ist, daß es weiterhin Abermillionen Galaxien mit Sonnen und Planeten gibt, dann wisse, Du wohnst im unendlichen Universum der Liebe. Alle Welten entstammen Gottes unendlicher Liebe, der schönste Grund seiner Schöpferkraft. Liebe ist Sein Licht, Seine Schönheit, Seine Milde, Sein Frieden, Seine Weisheit, Seine Wahrheit. Aus der Harmonie der Liebe, die sogar dem Chaos Schönheit verleiht, erwächst schöpferische Aktivität. Und wie die Liebe als Urgrund allen Seins in allen sichtbaren und unsichtbaren Mitteilungen Gottes als unauslöschliche Flamme wohnt, so wohnt sie auch in Dir.
Manchmal scheint es so, als sei diese Flamme verhüllt, verborgen oder verloschen; aber es ist eben nur scheinbar so, denn Gesetz und Ziel unseres Universums ist die Liebe. Fühle die vollendete Form Deines Apfels, den der Baum Dir als seinen Liebesanteil schenkt, damit Du gesund bleibst; so fühle auch, daß Du der Liebesanteil Gottes bist, um Geschenk für die Menschheit zu sein. Laß nicht zu, daß andere Kräfte die in Dir angelegte vollendete und originelle Darstellung der Liebe verzerren.
Achte also darauf, daß weder Zorn noch Gier noch Haß der festgesetzten Zeit der Reife und Ernte

entgegenwirken, und werde *das Geschenk* Gottes.

Der Apfelbaum spricht:

Wenn auch zur Zeit der Ernte Frucht und Baum geschieden werden, zweifelt doch niemand an unserer Einheit. Während Du die Absicht in Dir trägst, nur einen Apfel zu pflükken, weiß ich schon um Deinen Zweifel.
Nur Deine Achtlosigkeit hält mich davon ab, den Verlust Deiner Einheit vorzutragen.

Der-den-Frieden-lebt

Es ist Mittag und heiß. Ich bin stehengeblieben, um aus meiner Wasserflasche zu trinken. Über mir sehe ich einen kräftigen Bussard, der in der Krone eines Ahornbaumes direkt vor mir landet. Genau in diesem Moment fällt mir ein Satz ein: Menschen halten an der Unwissenheit mit weit größerer Entschlossenheit fest, als an sonst etwas in ihrem Leben.
Ich muß lachen. Nun gut, was wollen der Ahorn und der Bussard mir sagen, denke ich und nähere mich vorsichtig dem Baumstamm. Einige modrige Blätter schiebe ich zur Seite und setze mich mit dem Rücken an den Stamm des Baumes, umgeben von Farn und trockenem Gras. So sitze ich einige Zeit und beobachte aufmerksam die Umgebung. Nach einer Weile des Wartens beginne ich müde zu werden, und mir ist, als falle ich in einen leichten Schlaf ....
.......Plötzlich steht ein alter Mann vor mir. Er steht da, ruhig und erhaben. Sein Antlitz leuchtet und seine weißen, langen Haare sind im Nacken zusammengebunden. Er lächelt mich einfach an, und ich fühle, wie sich meine Aufregung legt. Er sieht aus wie ein alter Indianer längst vergangener Zeiten, und immer noch schaut er mich

schweigend an. „Wo kommst du her und wer bist du?" frage ich ihn, meinen ganzen Mut zusammennehmend.

„Ich bin schon immer dagewesen," sagt er, „du hast mich nur nie gesehen. Wenn du möchtest und aufmerksam bist, werde ich dir etwas zeigen. Komm` und folge mir."

Er dreht sich um und geht leichtfüßig in den Wald. Schnell stehe ich auf, um ihm zu folgen. Er ist schon weit voraus, und ich wundere mich für einen Moment, daß ich hier im Wald einem fremden, alten Mann folge und einfach Vertrauen zu ihm habe. Für den Bruchteil einer Sekunde spüre ich, daß ich in etwas Unbekanntes hineingerate. Ich gehe weiter und stolpere hier und da über Äste und Wurzeln.

Mit einem Male stehen wir vor einem Teich, den ich niemals zuvor gesehen habe.

„Setze dich dort hin", sagt er und zeigt mir eine Stelle, an der der Boden leicht erhoben ist, fast wie ein kleiner Ameisenhaufen. Wie selbstverständlich folge ich seiner Weisung, während er sich in einigem Abstand ebenfalls auf der Erde niederläßt. Dabei berührt er mit seinen Händen die Erde, und mir scheint, daß er, leise murmelnd, betet und dankt. Um uns ist Stille, und wir schweigen. Doch mein pochendes Herz will alles übertönen, und in meinem Kopf überschlagen sich die Gedanken.

„Wie er nur heißen mag?" frage ich mich. Und als ob er meine Frage verstanden hätte, antwortet er leise in die Stille hinein:

„Der-den-Frieden-lebt ist einer meiner Namen."

Während er seinen Kopf leicht zu mir wendet, gibt er nun einige merkwürdige Laute von sich, wobei er unvermittelt seine Arme hebt. Diese rasche Bewegung erschreckt mich, doch wie bin ich erstaunt, als ich sehe, wie übergroße Ahornblätter, rote, gelbe und grüne von irgendwo her wehen und auf die Wasserfläche fallen. Sobald sie allerdings die Wasseroberfläche berühren, verändern sie ihre Gestalt und werden zu leuchtenden Lichtbällen, die auf- und niederhüpfen, sich kurz darauf in feine Gesichter verwandeln, um sich sodann wie zerplatzende Seifenblasen wieder aufzulösen. Und als ob dieses wundersame Geschehen nicht schon genug wäre, höre ich einen zarten Chor liebreizendster Stimmen:
„Wir unterstützen, besuchen, behüten, verteidigen und verhüllen."
Ich höre und beobachte und frage mich, was dieses alles nur bedeuten mag? So fasse ich mir ein Herz und frage den alten Mann:
„Was geschieht hier? Sind diese Vorgänge noch natürlich?"
„Ja, aber gewiß," antwortet Der-den-Frieden-lebt, „doch alles, was du hier siehst und hörst, ist nur wenigen Menschen zu sehen und zu hören gewährt."
„Kann denn je ein natürliches Licht die Schönheit dieses Bildes übertreffen?" frage ich verwirrt.
„Oh, wenn Du wüßtest! Schautest du nun unvermittelt die Fülle des natürlichen Lichtes, könntest du es nicht ertragen, und du würdest außer dir geraten. Aber ich will dir eine Kostprobe gewähren. Sieh an das gegenüberliegende Ende des Teiches und laß deinen Blick dort langsam krei-

sen! Bedenke, es wird das Äußerste sein, was du ertragen kannst."

Sodann schaue ich zur besagten Stelle, lasse den Blick leicht kreisen, und unversehens nehme ich einen dünnen Lichtstreifen wahr, erst wie ein Faden, dann immer heller und heller werdend, bis ich seiner durchdringenden Kraft nicht mehr widerstehen kann. Ich schreie laut auf.......

.......Tief atmend sitze ich unter meinem Ahornbaum und schaue ungläubig umher. Und obwohl mich die angenehme Wärme des Hochsommers umgibt, liegt neben mir ein herbstlich gelbrot gefärbtes Ahornblatt. Eine stille Freude und ein zart klingendes Lied erfüllen mich und wollen Teil meines Wesens werden. Ich erhebe mich, reibe mir die Augen, und immer noch fühle ich das unfaßbare Licht in meinem Innern. Ich gehe nach Hause, wobei ich mich umschaue, um zu sehen, ob jemand die Veränderung meines Gemütes wahrgenommen hat.

Die Birke

Die Birke ist ein biegsamer und schlanker Baum mit einem silberweißen Stamm. Ihre Blätter sind hellgrün und herzförmig. Sie ist ein anmutiger Baum, der im Frühling früher als andere Bäume Blätter zeigt. Bei den Indianern in Amerika und Kanada wartet man mit der Aussaat aller Pflanzen, bis die Herzblätter der Birke sichtbar werden.
Neben der Lärche kämpft auf dem kargen Boden Islands nur die Birke gegen die Unbilden der Witterung, gegen Eis und Vulkane. Oft wird sie kaum ein Meter hoch und hat einen knorrigen Stamm wie eine Eiche. Wie die Lärche lebt auch sie in Symbiose mit einem Pilz, dem schmackhaften Birkenpilz.

Wenn die Birke in Dein Leben tritt, im Traum , in der Meditation, oder wenn Du eine starke Resonanz zu diesem Baum fühlst, weist dies darauf hin, daß Du vor einem Neuanfang stehst. Jetzt scheint die Zeit gekommen zu sein, alles zur Aussaat zu bringen, was Du aufgehoben und gesammelt hast. Die himmlischen Kräfte werden Dir gewogen sein und Dir dabei helfen, *alles* „in die

Erde zu bringen", selbst dann, wenn Du meinst, den Lebensboden nicht angemessen bereitet zu haben, wenn Du glaubst, er sei nicht fruchtbar bei all dem Geröll.
Daß die Birke auf feuchtem, moorigen Boden ebenso gut gedeiht wie auf trockenem und steinigem, soll Dich ermuntern, sogleich zu beginnen. Denn alles, was Du jetzt säst, wird reiche Frucht tragen. Und es wird nichts zutagetreten, was Du nicht verwerten könntest. Denke darüber nach, was alles aus der Birke hergestellt werden kann: Möbel, Skier, Parkett, Birkenreisigbesen. Aus der Rinde lassen sich Gefäße, Kleider und Schuhe herstellen.
Die Blätter der Birke können als Tee aufbereitet werden, und der Saft ist gut zur Reinigung des Blutes, bei Rheuma, Gicht und Hautausschlag.
Beginne also heute schöpferisch zu sein. Reinige und entgifte Dich mit der Heilkraft dieses Baumes. Eine Atmosphäre voller Ruhe, Glück und Zufriedenheit wird Dich wie ein Hauch umgeben. Mit der Birkenenergie bist Du biegsam und den Stürmen des Lebens gewachsen.

BETRACHTUNG

Bereite Dir einen Birkentee, um den Neubeginn in Gott zu genießen. Setze Dich, wenn es Dir möglich ist, mit dem Gesicht nach Osten unter eine schöne und gesunde Birke. Sei Dir des Wunders Deines Körpers bewußt, und stelle Dich mit all Deiner Aufmerksamkeit der Schönheit der Erde, die Dir und der Birke alles erdenklich Notwendige zur Entfaltung Deines Wesens und Deiner Originalität anbietet. Was hindert Dich nun, Gott zu erfahren? Was vereitelt Deinen Neubeginn? Strebe doch nach Vollkommenheit, und gib Dich nicht mit einem geringeren Anspruch zufrieden. Trinke einen weiteren Schluck Birkentee, und sei in Deinem Herzen offen für die Gnade Gottes. Mit ihr und Deinem Bemühen lassen sich Begrenzungen aufheben. Koste nun das neue Gefühl Deiner Bereitschaft aus, alles zu lassen und alles zu wagen, und laß Dich ergreifen von der Erhabenheit der Gegenwart Gottes in Dir. In dieser hohen spirituellen Verfassung wird die Beladenheit Deines Ego vollkommen von Gott umhüllt und aufgenommen.
„Lasse Dich versöhnen mit Gott"
Danke Deiner Birke für ihre Unterstützung und segne sie.

Die Birke spricht:

Wie schnell vergeht die Zeit der Pastellfarben und der zarten Triebe. Frühling, Sommer, Herbst und Winter fügen mich nach ihrem Belieben in ihre Bilderwelt ein. Und wenn auch der Reiz einer jeden Jahreszeit Dich bewegt, so bin doch nur ich die Schwester Deiner Hoffnung.

DIE BUCHE

Die Buche ist ein wunderschöner, großer und kräftiger Baum. Ein großer Teil des deutschen Waldes ist mit der Buche bestellt. Sie fühlt sich auf kräftigen und kalkhaltigen Böden am wohlsten. Obwohl sie anderen Holzarten gegenüber duldsam ist und als „Mutter des Waldes“ erheblich zur Bodenverbesserung beiträgt, gedeihen Sträucher unter ihr (außer Farnen) nur mäßig. Fest verwurzelt strahlt die Buche eine würdevolle Erhabenheit aus.

Wenn die Buche in Dein Leben tritt, im Traum, in der Meditation, oder wenn Du eine starke Resonanz zu ihr fühlst, dann wisse: Du bist ein Mensch mit großer Toleranz, was die Vielfalt der verschiedenen Anschauungen anbelangt, und in liebevoller Weise bringst Du dies zum Ausdruck. Dein Streben nach Reichtum und Glück prägt Dein Charakterbild, und das alltägliche Leben muß für Dich komfortabel und geschmackvoll ausgestattet sein. Als Organisationstalent strebst Du nach gesellschaftlicher Anerkennung und Spitzenfunktionen.

Dein negativer Aspekt kennt aber auch die Intoleranz. Wenn zum Beispiel Konkurrenten auftauchen, bekommen sie diese zu spüren. Und wenn etwas nicht in Dein Konzept paßt, wirst Du ungehalten und überzogen kritisch („Die Buche läßt unter sich nichts gedeihen!"). Durch diesen Widerstreit der Gefühle entstehen tiefsitzende Ängste und Unverträglichkeiten (besonders allergische Hautreaktionen), die Du nicht einzuordnen vermagst. So erfüllt Dich dann und wann eine nach innen gerichtete Traurigkeit.

Betrachtung

Setze Dich unter eine Buche -mit dem Gesicht nach Westen- und achte darauf, daß Deine Wirbelsäule gerade aufgerichtet ist. Fühle, wie der Baum mit Dir eine Einheit bildet. Danke dem Baum, daß er Dich nun schützt und bereit ist, Teile seiner Energie in Deine Wirbelsäule fließen zu lassen. Schließe Deine Augen und visualisiere eine goldene Acht. In einem Kreis der Acht sitzt Du, in dem anderen steht der Baum. Der Schnittpunkt beider Kreise liegt zwischen Stamm und Wirbelsäule. Höre jetzt auf das Geräusch Deines Atems, der immer tiefer und gleichmäßiger wird. Ruhig und entspannt sitzt Du nun an Deiner Buche. Du weißt schon lange, daß die Unzulänglichkeit des Menschen mit einer Gotteserfahrung umgewandelt werden kann. Deshalb sprichst Du

nun: *Ich rufe Dich, Gott in mir. Es gibt einen Weg des Friedens, der nur in mir liegt. Ich suche den Frieden; ich suche die Freude; ich suche die Vollkommenheit.*
Warte in Ruhe auf Deine Antwort.
Danke jetzt der Buche, daß sie Dir Stütze war.
Wenn Du weiterhin diese Übung pflegst, so wird sich alsbald Deine wahre Seelengröße entfalten. Einfühlsamkeit und Güte, Toleranz und Lebensweisheit werden die unauslöschlichen Wesenszüge Deiner Persönlichkeit sein.

Die Buche spricht:

Während ich im glänzenden Rotbraun meiner Fruchtschale die Botschaft von der Erhabenheit las, trug ich schon den Keim des Rindenbrandes in mir. Nach dem ersten Frost las ich die Botschaft der Wolken, der Winde und der Vögel. Lege Deine Aufmerksamkeit in meine Sicht der Dinge, und wir ziehen mit den Wolken und den Winden und den Vögeln.

Der Buchsbaum

Der Buchsbaum symbolisiert Unsterblichkeit, da er zu allen Jahreszeiten grün bleibt. Wegen seiner lederähnlichen und harten Blätter steht er bildlich für Ausdauer und Standhaftigkeit.
In der katholischen Tradition wird am Palmsonntag (Sonntag vor Ostern) jedem Gläubigen ein Buchsbaumsträußchen im Gottesdienst übergeben. Dies soll bedeuten: Bleibe du, wenn die Zeit auch hart und bedrohlich wird (hier bezogen auf die Karwoche), standhaft und fest im Glauben.
Hat nicht jeder in seinem Leben Dunkelheit, Trostlosigkeit und Gottverlassenheit erlebt?

Wenn Du zum Buchsbaum Resonanz verspürst, oder Du siehst ihn im Traum oder in der Meditation, dann wird Dein Ausharren bald belohnt, denn eine Wende zum Guten steht bevor. Es wäre von großem Nutzen, suchtest Du dann alsbald einen Arzt oder Heilpraktiker auf. Und beginne mit der Essenz dieses Baumes eine Entschlackungskur*. Die Wirkungen des Buchsbaumes sind: blutreinigend, abführend, fiebersenkend, schweißtreibend; die Gallensekretion wird gefördert; er unterstützt die Malariabehandlung.

BETRACHTUNG

Nimm Dir in Zeiten seelischer Belastung und Dunkelheit, aber auch, wenn Du Dir Standhaftigkeit und Ausdauer wünschst, ein Buchsbaumsträußchen und stelle es neben Dein Bett oder an einen anderen Ort, an dem Du Dich viel aufhältst. Einmal am Tage lege Dich auf den Rücken und entspanne. Lege dann das Buchsbaumsträußchen auf Dein Herz. Wenn Du ruhig geworden bist und sich dann Gedanken des Schmerzes und der Trauer einschleichen wollen, dann nimm sie hin und lasse sie vorüberziehen. Erinnere Dich an die glücklichen Zeiten Deines Lebens und wisse, daß alles ein Auf und Ab ist, daß alles der Wandlung unterworfen ist. Wie sich die Welle am Strand bricht und ausläuft und scheinbar wieder zurückfließt in die unendlichen Weiten des Ozeans, so wird auch Dein Kummer am Strand des Lebens brechen und zurückfließen in die unendlichen Weiten des Seins. Viel schneller, als Du denkst, wird das Licht in Dir wieder scheinen, und wie an einem Ostersonntag wirst Du erfüllt mit Freude und Jubel.

Blicke nun auf die Welt und die Menschen und wisse: Überall ist Gott gegenwärtig. Beginne, alles in Freude zu segnen. Und immer, wenn Du

den Buchsbaum siehst, denke an die Kraft des Segens.
Segne im Gehen.
Segne im Fühlen.
Segne im Tun.
Segne im Denken.
Segne Dich und alles um Dich jeden Tag, so oft Du kannst, und alsbald wird in Deinem Herzen ein nicht mehr zu löschendes Licht erwachsen. Du wirst Kraft und Ausdauer haben und jedem zum Segen werden - meist ohne große Worte und Taten.

* Der Buchsbaum war auch als Chininersatz bei der Malariabehandlung gebräuchlich. Er enthält vor allem in den Blättern und in der Wurzelrinde Alkaloide, hauptsächlich Buxin, das, in starker Dosierung angewendet, auf Menschen und Tieren giftig wirkt.

Der Buchsbaum spricht:

Wenn sich Nacht und Morgen begegnen, fange ich mit den Tauperlen die Trauer des Abschieds und die Freude der Wiederkunft auf. Weil ich den Wandel der Zeit kenne, weiß ich, daß es sie nicht gibt. Wo und was ist Dunkelheit? Siehst Du nur, wenn Dich ein Licht begleitet? Wage es, mit mir den Tag zu begrüßen und gleichzeitig die Nacht zu verabschieden. Danach trägst Du für eine Weile Tauperlen im Haar.

KRÄHENTANZ

„Hier ist es," sage ich leise zu mir selbst, nachdem ich das Gebüsch und die Kiefernbäume am Rande eines Gebirgssees erreicht habe. Links von mir erhebt sich eine steile Felswand, und von meinem Platz unter den Kiefern sehe ich sehr deutlich im mittleren Bereich der Felswand einen Höhleneingang.
Als ich mir Gedanken darüber mache, wer wohl diese Höhle zu seinem Unterschlupf gewählt haben könnte, sehe ich, wie ein Krähenpaar in die Höhle fliegt, um allerdings nach kurzer Zeit wieder zu erscheinen. Gewiß suchen sie Nistmaterial, um bald Hochzeit zu halten, lächle ich in mich hinein. Für alles gibt es einfach den rechten Zeitpunkt, denke ich, zuerst Hochzeit, dann die Zeit des Brütens und das Versorgen der Jungen, und später bist du wieder allein, für neue Aufgaben bereit. Ich spüre eine große Resonanz zu diesem Ort, hier in den Alpen. Wieder einmal wird mir deutlich, wie kostbar das Gut des Augenblickes ist, wie die Zeit scheinbar stehenbleibt und mich wie ein Kleid umhüllt, wenn ich nur in Frieden mit mir bin. Ich versinke in eine tiefe Ruhe.......
......."Du hast gelernt, weil ich diesen Weg mit dir gegangen bin," sagt Der-den-Frieden-lebt, direkt

neben mir. Wie schon so viele Male steht er vor mir, ruhig, mit der Würde eines alten Mannes. „Denke darüber nach," sagt er weiter, „es ist meine Aufgabe, dir zu helfen. Jeder Mensch auf der Erde hat seinen Helfer. Doch kann kein Lehrer die Kraft überbieten, die in dir selbst liegt. Ich bin für dich da und will dich fördern und anspornen, deine innere Kraft zu erwecken. Wache auf!"
Jetzt klatscht er kräftig in die Hände, beugt sich zu mir und ruft mit donnernder Stimme:
„Jenseits der Erinnerung liegt Kraft und Weisheit!"
Für einen kurzen Moment fühle ich mich unbehaglich, und Furcht will mich beschleichen. Doch als ich in seine warmen, gütigen Augen schaue, die eine andere Sprache sprechen, entspanne ich mich und wende mich ihm wieder vertrauensvoll zu.
„Komm", sagt Der-den-Frieden-lebt und geht voran.
Nicht weit von meinem Platz entfernt stehen vereinzelt Bäume, und es dauert nicht lange, bis wir sie erreichen.
„Hier draußen ist eine andere Welt", sagt er, und mit der rechten Hand weist er in die Richtung der hohen Berge. „Hier herrschen andere Gesetze," fügt er leise hinzu.
„Warum?" frage ich.
Doch ohne meine Frage zu beantworten geht er weiter. Unser Weg wird immer steiler, und immer häufiger muß er mich stützen und ziehen, damit ich die felsigen Hindernisse meistern kann. Plötzlich stehen wir vor einem Höhleneingang. Ich erkenne, daß es die Höhle ist, die ich zuvor von meinem Platz aus gesichtet hatte. Wir betreten

den Eingangsbereich der Höhle, der sich allerdings nach wenigen Metern verjüngt, bis wir schließlich, mit den Beinen zuerst, durch ein kleines Loch schlüpfen müssen. Unzählige Mücken haben sich hier einquartiert und aufgescheucht umschwirren sie meinen Kopf. Jetzt habe ich keinen Grund mehr und für einen Moment falle ich in eine Leere. Als ich wieder sicheren Boden fühle, stehe ich inmitten eines weiten und hochgewölbten Höhlenraumes. Obwohl der gesamte Raum dunkel ist, kann ich an den Wänden und an der Decke Risse, Ablagerungen und vorspringendes Gestein erkennen. Der alte Mann bittet mich, näher zu kommen, und ich sehe eine spiegelklare Wasserfläche. Tropfwasser, denke ich, doch Der-den-Frieden-lebt sagt mit einem ehrfurchtsvollen Unterton:
„Das ist der See der Erinnerung, und er wird von keiner Quelle, von keinem Zufluß und von keinem Tropfen gespeist; er ist, wie er ist."
Ein feines orangerotes Licht kräuselt sich über der Wasseroberfläche. Und während wir das farbige Licht beobachten, gerät plötzlich die Wasseroberfläche in Bewegung. Zuerst schwach, dann immer stärker werdend. Mit einem Male sehe ich unzählige Menschen aus dem See aufsteigen. Ihre Gesichter sind verzerrt, haßerfüllt oder zeugen von Angst und Leid. Erschüttert will ich mich abwenden, doch irgendwie bin ich gezwungen, diesem Anblick standzuhalten. Dabei erkenne ich, daß die Menschen am ganzen Körper mit dünnen Riemen gefesselt sind, am Hals, an den Händen und den Füßen, an den Lenden und an den Schenkeln. Nur ganz langsam bewegen sie sich

vorwärts, und mit jedem Schritt, den sie tun, scheinen sich die Fesseln mehr und mehr zu verdichten. Einige derer, die schon dem See entstiegen sind, stolpern, und weil sie sich nicht abstützen oder abwenden können, fallen sie mit dem Gesicht auf den zum Teil schlammigen Höhlenboden. Dort bleiben sie liegen, denn niemand kann ihnen aufhelfen, weil jeder mit sich selbst beschäftigt ist. Eigenartig, ich beobachte, daß jeder ein Messer bei sich trägt und es nicht benutzt, um sich von den Fesseln zu befreien.
„Wer bindet sie", frage ich meinen Führer, „und warum schneiden sie ihre Fesseln nicht durch?"
„Schau genau hin und versuche weiterhin, aufmerksam zu sein", raunt er mir zu.
Ich gehe einige Schritte näher, um mehr erkennen zu können, dabei weht mich der modrige Geruch ihres kurzen Atems an. Im selben Augenblick erfasse ich den Sinn dieser schrecklichen Bilder, und mich durchströmt ein heißes Brennen: Das sind die Schlingen des Stolzes, der Habsucht, des Zornes, die Schlingen der Angst und der Trägheit. Immer näher kommen die Gezeichneten, und mich befällt tiefe Abscheu. Doch was geschieht nun? - Um meinen Hals, meine Hände und um meine Füße winden sich Fesseln, die von unsichtbaren Kräften zusammengezogen werden. Mich befällt Panik, während ich sie verzweifelt abzustreifen versuche. Aber je mehr ich mich darum bemühe, um so fester ziehen sie sich zusammen. Ich wende meinen Kopf, um in meiner Not Hilfe von meinem Begleiter zu erbitten. Er ist nicht mehr da. Eine unbeschreibliche Wut und Ohnmacht befallen mich, und der Versuch, klar

zu denken, scheint meine restlichen Kräfte aufzubrauchen. Und während ich um Fassung ringe, erinnere ich mich an den Satz: **Jenseits der Erinnerung liegt Kraft und Weisheit.** Ich werde etwas ruhiger und erkenne die Sinnlosigkeit, meine Kraft mit den Menschen hier messen zu wollen und sie zur Rechenschaft zu ziehen.
Wie kann ich mich nur dieser Falle entziehen? Das Messer! - Alle haben Messer! Ich schaue an mir herab und sehe tatsächlich ein leuchtendes Messer, das von den Fesseln um meine Hüfte gehalten wird. Ohne zu zögern nehme ich es und beginne mit großer Mühe, die Fesseln zu durchschneiden. Ein stechender Schmerz durchzieht meinen ganzen Körper, als ich mir an einer Schlinge die Hand aufreiße. Immer mehr befreie ich mich aus der Umfesselung, und dann, endlich, kann ich mit einigen Sprüngen der Masse entkommen, die mich ganz aufzusaugen droht. Eilig winde ich mich durch die enge Höhlenzufuhr und strebe zum Eingang der Höhle. Dort sitzt Der-den-Frieden-lebt. Ich empfinde Aufruhr. Hat er mich nicht betrogen und verlassen? In Gedanken klage ich ihn an, dennoch setze ich mich schweigend neben ihn. Und wie so häufig hat er auch diesmal meine Gedanken aufgenommen und sagt:
„Weißt du, ich bin nicht dein Hüter. Einen Beschützer des Geistes und der Gedanken gibt es nicht. Du solltest hier an diesem Ort etwas lernen, und ich sehe, du hast begriffen. Denn nur wer selbst erfährt, begreift. Ohne Erfahrung ändert sich in deinem Leben nichts. Die Fesseln sind deine negativen Gedanken. Und nun kennst du ihre Namen: Stolz, Trägheit, Angst, Neid und

Überheblichkeit. Sei glücklich, daß die Klinge deines Messer noch nicht abgestumpft ist, daß die Fesseln es noch nicht völlig umwunden haben. Das Messer ist nämlich die Kraft der Selbstdisziplin. Übst du dich früh in der Selbstdisziplin, wird sich ihre angesammelte Kraft zur gegebenen Zeit als nützlich erweisen, wie du ja erlebt hast. Es lohnt also, die Anstrengung des Anfangs auf sich zu nehmen und Dinge zu tun, gegen die sich ein Aspekt von dir auflehnt und sträubt. Doch du mußt nun lernen, *nein* zu sagen. Und hüte dich vor jeder Überhebung. Es ist gut, ein scharfes Messer zu haben."

Der-den-Frieden-lebt lacht und legt mir seine Hand auf den Rücken.......

.......Ich öffne meine Augen und sitze unter der Kiefer, höre noch das verklingende Lachen von Der-den-Frieden-lebt und sehe voller Erstaunen die abgeschürfte Haut an meinen Handgelenken. Mich fröstelt.

Die Eberesche

Die Eberesche ist ein Baum mit eschenähnlichen Blättern. Sie hat einen schlanken Stamm mit lokkerer, rundlicher Krone. Die Rinde ist meist glatt, gelblichgrau und leicht glänzend; im Alter wird sie grauschwarz. Im Frühjahr trägt die Eberesche weiße Doldenrispen, die dann im Sommer leuchtend rote Fruchtstände hervorbringen. Wenn Herbst und Winter gekommen sind, nehmen die Vögel gerne von dieser üppigen und nährstoffreichen Frucht, weswegen die Eberesche auch Vogelbeere genannt wird. Indem die Vögel den Samen unverdaut ausscheiden, sorgen sie so für die gute Vermehrung des Baumes. Für den Menschen sind die Beeren im rohen Zustand nicht genießbar, weil sie Spuren von Blausäuren enthalten. Doch aufgekocht sind sie als Gelee oder Mus ein schmackhafter Brotaufstrich mit hohem Vitamin C- Gehalt und Provitamin A.

Wenn die Eberesche in Dein Leben tritt, im Traum, in der Meditation, oder wenn Du eine starke Resonanz zu diesem Baum verspürst, dann ziehst Du förmlich das Glück an. Vorsorgend gestaltest Du Dein Leben, und großzügig gibst Du von Dei-

nen Schätzen ab. Es fällt Dir nicht schwer, Dich von materiellen Gütern zu trennen. Ebenso vermagst Du Gefühle zu verabschieden, die nicht mehr Deinem aktuellen Lebensgefühl entsprechen. Geben und nehmen sind die Quellen, aus denen Du schöpfst, und du weißt, daß das Leben Dir alles zur Verfügung stellt, was Du benötigst und was für Dich wichtig ist.
Wenn Du es aber nicht gelernt hast, mit anderen zu teilen, dann kann Deine gute Veranlagung umschlagen in Besitzstreben und Geiz. Du denkst vielleicht, unentbehrlich zu sein und Du müßtest Dich um alles kümmern. Aber diese Haltung läßt Dich erstarren und macht Dich in jeder Hinsicht unbeweglich. Die angesammelten Reichtümer werden Dir zum Gefängnis.

Betrachtung

Setze Dich unter eine Eberesche zur Zeit der Fruchtreife. Achte darauf, daß Deine Wirbelsäule gerade aufgerichtet ist und Dein Kopf ebenso wie sie den Baum berührt. Schließe Deine Augen und fühle den Reichtum dieses Baumes.
Die Fülle dieses Baumes ist in einem beständigen Fluß und scheint sich ihrer Kraft und Schönheit nicht bewußt zu sein. Und dennoch blüht sie im Frühjahr auf und reift heran zur üppigen Frucht, die weithin leuchtet. Wenig später nimmt

der Baum glanzlos, aber in sich würdevoll, die Zeit der natürlichen Entsagung entgegen.
So kann materieller Besitz auch nur genossen werden, wenn sich Dein Herz zuvor dem natürlichen und göttlichen Fluß der Liebe und des Lichtes geöffnet hat. Wenn die Herzenstüren geschlossen sind, werden Liebe und Freude versiegen und Du wirst meinen, nicht genug zu haben. Von Deinem Reichtum kannst Du nichts abgeben, weil Dich der Geiz beschlichen hat. Natürlich sollst Du nicht verschwenderisch ausgeben und unklug Deinen Besitzstand verwalten.
Wenn Du wenig von Herzen gibst, dann hast Du Dein Herz verschenkt, und das ist in manchen Fällen mehr als Geld oder andere materielle Gaben.
Wer ein liebes Wort oder eine freundliche Geste zu unerhoffter Zeit verschenkt, hat seine Liebesfähigkeit dimensioniert.

Die Eberesche spricht:

Wenn der erste Schnee auf die Wege fällt, vermischt sich sein Weiß mit dem Rot meiner Beeren, die in großer Zahl ungenützt den Boden bedecken. Und wenn Frost und Eis alles wie in Gläsern fassen, fliegt ein Spatz mit einer noch trockenen Beere glücklich davon.

Die Eiche

Die Eiche gehört zur Gattung der Buchengewächse. Doch, anders als die glattstämmige Buche mit ihrer gleichmäßig gebildeten Krone, hat sie eine tiefgefurchte Rinde, und ihr Erscheinungsbild wirkt rauh und knochig.
Sie ist in Nordamerika genauso heimisch wie in Europa und Asien, wobei sie ein gemäßigtes Klima bevorzugt. Besonders stattliche Exemplare können bis zu 50 Meter hoch und über 700 Jahre alt werden.
Die bekanntesten Arten sind die Stieleiche und die Traubeneiche, während im Mittelmeerraum häufig die Steineiche und die Korkeiche anzutreffen sind.
Kein Holz ist so gut für den Hausbau geeignet wie das Eichenholz. Denn mit zunehmendem Alter wird es härter und ist darum kaum anfällig für Schädlinge. Aber nicht nur Häuser werden aus diesem harten Holz gebaut, sondern auch Schiffe, Windmühlen und Fässer.
Die Eiche ist reich an Gerbstoffen, und ihre Blätter und Früchte wirken entzündungshemmend auf den menschlichen Organismus. In Hungerszeiten wurde aus Eicheln Mehl hergestellt und,

mit Roggen- und Weizenmehl gemischt, ergab es ein wohlschmeckendes „Ersatzbrot“. Aus den gerösteten Eicheln kann ein Kaffee-Ersatz hergestellt werden. Bis heute wird die Eichel als Futterzugabe für Schweine verwendet.
In der Kulturgeschichte und Mythologie nimmt die Eiche eine bedeutende Stellung ein. So war sie dem Indogermanen ein heiliger Baum, und die Griechen, Römer und Germanen weihten die Eiche ihren Göttern Zeus, Jupiter und Donar. Unter der Eiche wurde Recht gesprochen, geopfert, und Priesterinnen weissagten aus dem Rauschen der Blätter.
Die Eiche ist Symbol der Stärke und der Standhaftigkeit und Sinnbild des Sieges.

Wenn die Eiche in Dein Leben tritt, in der Meditation, oder wenn Du eine Resonanz zu diesem Baum verspürst, dann gehörst Du unzweifelhaft zu den Menschen, deren Verläßlichkeit im Freundeskreis, in der Nachbarschaft, aber vor allem im beruflichen Umfeld hoch geschätzt wird. Dein Ruf, pünktlich und immer da zu sein, wenn man Dich braucht, eilt Dir voraus. Dabei bist Du, mehr als ein sogenannter Kumpeltyp, Beschützer und Rückhalt Deines Partners. Bist Du eine „Eichen-Frau“, müßte es schon Steine hageln, daß Du Dich auch nur einen Millimeter von Deiner Familie trennst oder von der Verantwortung Dir übertragener Aufgaben. Du wehrst alles ab, was Deinem Ansehen oder dem Ansehen Deiner Nächsten schaden könnte.

Doch wenn es Dir nicht gelingt, diese Deinem Wesen gemäßen Tugenden mild und gütig zu leben, dann bist Du der klassische Repräsentant eines Spießertums. Pingelig nörgelst Du an allem herum, was nicht Deiner Vorstellung von Ordnung und Sauberkeit und Disziplin nachkommt. Stur und verbissen hängst Du Deiner Lehre von den Dingen an. Deine Kinder leiden dann am heftigsten unter Deiner Unbeweglichkeit, weil Du ihnen kaum zubilligst, eigene Wege zu gehen und eigene Anschauungen zu vertreten. Wenn Du zudem ein cholerisches Temperament besitzt, dann gebührt Deinem Partner oder Deiner Partnerin alle Ehre und Respekt.

Betrachtung

Suche Dir eine Eiche in Deiner Umgebung und setze Dich mit dem Rücken an ihren Stamm. Fühle, wie sich die Kraft dieses Baumes auf Dich überträgt und wie Du mit jedem Atemzug ruhiger und entspannter wirst.
Durch die Eiche lernst Du, Entscheidungen zur rechten Zeit zu treffen; ebenso wird Dein Wille geschult. Denn ohne einen ausgebildeten Willen erlangst Du keine echte innere oder äußere Kraft. Dickköpfigkeit hat nichts mit einem geschulten Willen zu tun, und Muskelspiele mögen zwar auf bestimmter Ebene Erfolge zeigen, doch zeugen sie noch nicht von Charakterstärke und Edelmut.

Über die Kunst des Gleichgewichtes wird der Wille gebildet, dem späterhin Kraft, Güte und Weisheit folgen. Setze den Willen zuerst ein, um Deine Gedanken zu kontrollieren.
Hast Du schon einmal überprüft, wie häufig Deine Gedanken innerhalb von zehn Minuten von einer Sache zur anderen wandern? Überprüfe eine Woche lang diesen Gedankenreigen, und Du wirst erstaunliche Dinge erfahren. Während Du zum Beispiel schweigsamer wirst, hörst Du mehr die Rede der anderen. Übst Du länger als eine Woche einen Gedanken für zehn Minuten festzuhalten, dann erfährst Du etwas von der Kraft eines Gedankens. Denn alles, was durch den Menschen in Kultur und Wissenschaft entwickelt wurde, entstammt der Kraft eines Gedankens und seiner beständigen Entwicklung. Alles, was Du denkst, wird sich früher oder später auf Dein Leben auswirken. Der Gedanke prägt und formt Dein Schicksal mit. Gedanken können Dein Blut in Wallung bringen, Deine Gefühle stimulieren und auf Deine Physiognomie einwirken. Denn ein beständig negativer Gedanke erzeugt in Deinem Blut chemisch nachprüfbare giftige Substanzen, die durch Dein gesamtes Zellsystem zirkulieren, während positive Gedanken die Sauerstoffzufuhr Deines Blutes begünstigen. Gedanken machen Dich vital und gesund oder schwach und krank. So vertraue Dich der Eiche an, die Dir in all Deinem Bemühen mit ihrer Energie behilflich sein wird.

Die Eiche spricht:

Es waren nicht die Götter mit ihrem Spiel und ihrer Lust, die mein Holz härteten und meine Rinde zerfurchten. Ich wurde zum Träger Eurer Dächer, weil ihr mich dauert in eurem Schmerz, in eurer Not und in eurem Unvermögen, der Zeit zu entrinnen. So fasse neuen Mut, und du wirst siegen.

CANDA

Canda ist der Name meiner braunen Jagdhündin. Allerding erschöpft sich ihre Jagdleidenschaft darin, unermüdlich Mäuse aufzuspüren. Wenn sie irgendwo nur ein kleines Mauseloch erahnt, buddelt und gräbt sie so lange, bis sie das Mäusenest bloßgelegt hat. Daß ihr bei diesem Vorhaben die Maus zwischenzeitlich durch die Beine davongelaufen ist, beirrt sie kaum, denn das Nest ist ihr wahres Ziel. Ich konnte es ihr nie abgewöhnen oder begreiflich machen, daß der Garten kein Mäusejagdgebiet ist, - ich mußte häufiger, als mir lieb war, frisch eingesäten Rasen oder Gemüserabatten erneuern. So sehe ich Canda wieder einmal vor einem Mäuseloch, direkt an einem frisch gepflanzten Wacholder. Weil sie bellt und bellt und nicht wie verrückt buddelt, meine ich, daß meine geduldige Erziehung endlich gefruchtet hat. Ich lobe Canda und kraule ihre Ohren. Doch dann legt sie sich vor das Mauseloch mit dem Kopf auf die Erde, wobei ihre Augen starr auf die Wurzeln des Wacholder gerichtet sind. Ihr Verhalten wundert mich, hält mich aber nicht davon ab, sie alleine zu lassen. Nach einiger Zeit rufe ich den Hund, doch er will nicht kommen. Als ich in den Garten gehe, um nachzusehen, was ihn davon abhält, meinem Ruf zu folgen, liegt er immer noch regungslos vor dem Mauseloch, hebt den Kopf leicht, als ich komme, und schaut mich an, als wolle er mir etwas Wichtiges mitteilen. Als ich am Abend im Bett liege, erinnere ich mich an das veränderte Verhalten des Hundes und frage mich, was er mir wohl sagen wollte. Während ich darüber nachdenke, werden meine Glieder schwerer und schwerer und dann.......

.......ich erwache in einer anderen Wirklichkeit. Es scheint Nachmittag zu sein. Auf einer großen Wiese bewegen sich viele hundert bunte Blumen im leichten Wind - ich erkenne meinen Garten.

„Die Gebete der Mutter Erde werden sichtbar in diesen Blumen," sage ich zu mir, „sie segnet mit ihnen den Körper, den Geist und das Gemüt des Menschen." Eigenartig, so viele unterschiedliche Blumen wachsen hier. Ich habe sie vorher nie gesehen. Ich beuge mich über ein überdimensional großes Gänseblümchen, und als ich meine Hand ausstrecke, um es zu berühren, raunt es mir plötzlich zu:

„Wer sich mit der Welt des Lichtes vertraut macht, wird nicht mehr geblendet. Wer den Schein durchbricht, sieht die Dinge, wie sie wirklich sind. Da, wo nur der Schein des Lichtes Dunkelheit erhellt, da ist noch Angst und Schrecken; wenn aber *das Licht* aufbricht, nimmt es der Dunkelheit jeden Schrecken. Wandle deine Angst in Freude um und male ab jetzt Regenbögen in die Herzen der Menschen, und du wirst als Blume ein Kind der Mutter Erde." Tief gerührt kann ich kaum fassen, was ich da höre und sehe. Ein Gän-

seblümchen redet zu mir und lehrt mich, ein Kind der Mutter Erde zu werden.
„Geh unter den Wacholder, suche das kleine Erdloch nahe der Wurzel und warte," fordert mich das Gänseblümchen auf. Dann neigt es schweigend seinen Kopf, und ich weiß mit Bestimmtheit, daß seine kleine Ansprache nun beendet ist. Ich schaue mich hier in meinem Garten um, alles wirkt vergrößert und verändert. Jetzt erinnere ich mich, daß Canda eine Weile unter dem Wacholder vor einem Mauseloch gelegen hatte. Es dauert nicht lange, und ich habe es gefunden. Ich setze mich davor. Gleichmäßig beginnt mein Atem zu fließen. Meine Gedanken sind kristallklar. Plötzlich höre ich eine Stimme.
„Gib acht!" flüstert es aus dem Baum. Und voller Erstaunen sehe ich, wie das Mauseloch größer und größer wird. Eine Blume mit blauen, gelben und roten Blütenblättern kommt hervor, und alsbald ist sie so groß, daß sie alle anderen Blumen weit überragt.
Es laufen behend kleine Erdwesen in ihrem Schatten. Ein kleines Kerlchen kommt direkt auf mich zu, reckt den Kopf in die Höhe und spricht mit tiefer Stimme, die so gar nicht zu seinem Erscheinungsbild passen will:
„Siehst du mich?"
„Ja, ich sehe dich ganz deutlich."
„Weißt du, ihr habt den Kontakt zu uns verloren und seht uns nicht mehr. Wir gehen getrennte Wege."
„Wieso gehen wir getrennte Wege?" frage ich, leicht irritiert.

„Ihr Menschen lebt in der Welt der Technik, der Wissenschaften, und ihr fliegt zum Mond. Den vielfältigen Geheimnissen der Erde stellt ihr euch mit Mikroskopen, Grabungen und Analysen entgegen. Und was ihr dabei entdeckt, reicht doch nicht zum Überleben.

Oder vermag die Wetterkunde die Gewalt des Taifuns zu zügeln?

Wenn du das Lavagestein analysierst, magst du Einschlüsse längst vergangener Zeiten finden, und vielleicht ergründest du Gewichte und Substanzen und gibst ihnen mit deiner Sprache neue Namen. Doch wenn die Mutter Erde ihre Poren öffnet und die Lavamassen hervorbrechen, bleibt dir nur die Flucht oder die überwältigende Faszination aus sicherer Entfernung."

„Was soll und kann ich tun, damit ich euch nicht mehr aus den Augen verliere?" frage ich ehrlichen Herzens.

„Sitze zunächst ruhig und freue dich, daß du etwas von unseren Aufgaben, unseren Freuden, unserer Not und unserer Wissenschaft erfahren darfst.

Sieh diese Blume, die uns überragt und wie ein Baldachin schützt, sie gehört zu unserer Gruppe und versteht unsere Sprache. Sie und alle Blumen dieses Gartens, alle Sträucher und Gewächse, alle Minerale, Käfer, Falter und Libellen, alle Vögel, Würmer, Nager und alle meine Brüder und Schwestern meines Stammes sind Wesen der Erde, unserer lieben Mutter. Wir alle haben verschiedene Aufgaben und verschiedene Botschaften, doch wir können sie nicht vermitteln, weil

ihr verlernt habt, mit uns zu leben und zu sprechen.
Manchmal gelingt es eurer Poesie, etwas von unserer Art und unserer Botschaft einzufangen. Dann verbinden wir uns im Geiste mit den kindlichen Herzen, bis eure Vernunft uns wieder entzweit.
Bliebet ihr wenigstens über die Poesie mit uns verbunden, könnten wir gemeinsam das ein oder andere Herz anrühren. So aber bleibt uns nichts anderes übrig als zu hoffen, daß unsere verborgenen Botschaften irgendwie zu euch gelangen. Wir schickten euch zum Beispiel unsere heiligen Steine. Und immer noch verlassen sie das Innerste der Erde, damit ihr gesund werdet, begreift und erkennt."
Von der Rede dieses Wesens gebannt, erwidere ich dennoch freimütig:
„Du hast gut reden, wir können euch nicht erkennen, weil unser Auge dafür nicht geschaffen ist. Wäre es anders, würden wir gewiß den Kontakt zu euch suchen und pflegen."
„Sei nicht dumm", entgegnet er, „ihr seht nicht, weil ihr egoistisch seid. Das Sehen mit den Augen ist nicht nötig, öffnet euer Herz und ihr seht mit einem Auge, dessen Kraft und Schönheit ihr genauso wenig freigegeben habt, wie die Einfalt eines frommen Herzens. Wäre zum Beispiel die Sehkraft deines inneren Auges nicht entwickelt, spräche ich jetzt nicht in dieser Weise zu dir. Dein Hund konnte uns wahrnehmen und dadurch ein beglückendes Erlebnis haben, weil sein Herz dafür geöffnet war. Verstehe mich richtig, menschliche Lebensweise benötigt zur gegebenen Zeit den

klaren Verstand; doch wenn er sich anmaßt, die Sprache des Herzens und der Liebe zu überbieten, schafft er sich einen Rangplatz, der ihm nicht gebührt. Erst wenn du die traurigen Gesänge der Engel hörst, wirst du erfassen, wie wahr meine Rede ist."

„Wieso sehe ich dich und kann mit dir reden?" frage ich verwundert.

„Der-den-Frieden-lebt gab uns den Auftrag, mit dir zu reden. Doch du siehst uns, weil du dein inneres Auge geöffnet hast."

Nun winkt mir das kleine Wesen freundlich zu und verschwindet in dem Mauseloch unter dem Wacholder.......

.......Ich sitze aufrecht in meinem Bett. Die letzten Bilder dieses Erlebnisses wehen davon, und ohne zu zögern gehe ich hinaus in den Garten, um am Wacholder das Mauseloch zu finden. Doch es ist nichts zu finden, keine Spur, keine aufgeworfene Erde, nichts. Nur meine mir bekannten kleinen Gänseblümchen, die ihre Blüten zur Nachtruhe verschlossen halten, leuchten mir im Mondlicht entgegen.

Die Erle

Die Erle gehört zur Gattung der Birkengewächse. Besonders in den gemäßigten Zonen des Nordens wächst sie an Wegrändern und Hainen. Die bekannte Schwarzerle ist ein oft mehrstämmiger Baum mit schwarzbrauner und rissiger Borke. Ihre Blätter sind rundlich und am Rand leicht gezackt. Die Früchte sind klein und zapfenähnlich.
Neben der Schwarzerle sind noch die Grün- und Grauerle in unseren Regionen bekannt. Das Holz der Erle wird gerne von Holzschnitzern benützt, weil es leicht zu spalten und gut zu verarbeiten ist. Ebenso gerne wird es bei der Herstellung von Musikinstrumenten, Bleistiften, Holzschuhen und Furnieren verwendet
Die genannten Erlenarten leben in einer Symbiose mit den Strahlenpilzen, die Stickstoff zu binden vermögen. Diese Symbiose tritt an Wucherungen der Wurzeln auf und begünstigt eine enorme Bodenverbesserung.

Wenn die Erle in Dein Leben tritt, im Traum, in der Meditation oder wenn Du eine starke Resonanz zu diesem Baum verspürst, dann vermagst

Du es mit Deinem Charisma, Personen und Gemeinschaften neue Wege zu weisen. Dein Talent liegt in der Fähigkeit, Spreu von Weizen zu trennen, das heißt, Du unterscheidest zwischen Notwendigkeit und überflüssiger Verzierung. Doch Du bist nicht verletzend, wenn Du Diskrepanzen und gegenläufige Strömungen aufdeckst. Jeder fühlt sich von Dir verstanden, und Deine Argumentation ist für jeden einleuchtend und Grund zur Um- oder Abkehr.
Sprachbegabt entwirrst Du das undurchdringliche Unterholz theologischer und philosophischer Systeme. Und da, wo heilige Riten und die Geheimnisse der Mysterien zu gefühlsbetonter Feierei mißbraucht werden, da greifst Du behutsam aber konsequent und mutig ein.
Dein negativer Aspekt ist Deine Schüchternheit. Triffst Du auf eine andere Meinung, erschrickst Du und verwirfst Deine Vorhaben. In Wachträumen rechtest Du dann mit Deinen Gegnern, die aber in Wirklichkeit keine Gegner sind, sondern nur Andersdenkende.

Sammle eine handvoll schwarzer Erlenzäpfchen und setze Dich an den Platz Deiner Ruhe im Hause oder an den Stamm einer gesunden Erle. Lege die Erlenzäpfchen vor Deine Füße, und beginne dann in aufrechter Haltung ruhig zu werden. Atme tief und gleichmäßig und betrachte mit leicht gesenktem Kopf die Erlenzäpfchen.
Du wirst einen Hinweis aus Deiner eigenen Tiefe erhalten, und Deine verborgenen Sehnsüchte werden offenbar. Dein Weg wird sich, von der Natur bestimmt, in ganzer Originalität vor Dir abzeichnen.
„Es ist leicht, wenn du den Weg weißt. Du mußt lernen, genügsam zu leben, unbewegt von Verlangen nach Wohlstand und Ruhm. Kommen Leidenschaft oder Sehnsucht auf, so betrachte sie als Feinde, als Störenfriede deiner Gemütsruhe und gib sie gelassen auf. Nimm die Dinge, wie sie kommen. Ängstliche Sorge vor dem, was die Zukunft bringen könnte, und vor allem Schmerz um das bereits Geschehene sollten dir fremd sein. Gram und Enttäuschung haben ihren Ursprung außerhalb deiner selbst. Verschließe die Tür von innen. Befreie dich von ihnen. Ist dies geschehen, so kommt die Stille leicht und wie von selbst. Keine Anstrengung ist nötig, einen Geist zu sammeln, der sich von allen Ursachen der Unruhe abgewandt hat. Glaube nicht, dein Leben wäre dann leer. Ganz im Gegenteil, du wirst sehen, daß die größte aller Freuden darin besteht, einfach zu sein !“ (Der Taoismus)

Die Erle wird Dir helfen, Deinen Weg mit Herz zu finden, und die geheimen Wünsche Deiner Seele wird sie mit entschlüsseln.

Die Erle spricht:

Wenn Du durch Alleen und Straßen gehst, grüße meine Brüder und Schwestern. Der Mensch hat sie auserkoren, Wege zu säumen. Es sind kurze Wege, und fast ein jeder vermag sie zu gehen.
Wenn Du Deine Brüder und Schwestern triffst, dann erzähle ihnen von unserem Weg, der niemals endet und von wenigen aufgenommen wird.

DIE ESCHE

Die Esche gehört zur Familie der Ölbaumgewächse. Sie benötigt zum Gedeihen feuchten, nährstoffreichen Boden. In Mitteleuropa ist sie ein verbreiteter, schlanker und glatter Waldbaum, der bis zu 40 Meter hoch werden kann. Ihre Rinde ist fein, rissig und aschgrau. Aus den jungen Blättern der Esche läßt sich ein belebender Tee zubereiten, der auch harntreibend und abführend wirkt. Samen und Rinde haben fiebersenkende Wirkung, und der schleimreiche frische Bast der Rinde ist als Auflage bei Wunden ein heilkräftiges Naturmittel. In der germanischen Mythologie ist sie der heilige Baum Yggdrasil, die immergrüne Weltenesche, deren Wurzeln die Erde stützen, deren Stamm durch den Mittelpunkt der Welt ragt und deren Zweige sich über Himmel und Erde ausbreiten. Auf ihrer Spitze sitzt ein Adler, der die Vorgänge der Welt beobachtet. Yggdrasil ist der Schicksalsbaum der Welt, der bedroht ist und viele Feinde hat, so zum Beispiel eine riesige Schlange, die ständig an seinem Stamm nagt. Wenn die Esche zusammenbricht, ist das gleichbedeutend mit dem Untergang der Welt.

Wenn die Esche in Dein Leben tritt, im Traum, in der Meditation, oder wenn Du eine starke Resonanz zu diesem Baum fühlst, dann will Dir die Esche sagen: Du bist ein wunderbarer Individualist, der das Außergewöhnliche sucht und der über eine große Erlebnistiefe verfügt.
Wenn Du Dir ein Ziel in den Kopf gesetzt hast, wirst Du es erreichen. So wie die Esche unter ihrer schönen Krone viele Vögel beherbergt und sie ihre Blätter als Nahrung für Schafe, Kühe, Ziegen und Hühner bereithält, so bist auch Du freizügig und in Deiner Gastfreundschaft unübertroffen.
Deine schwache Seite zeigt allerdings Wutausbrüche, Nörgeleien und Mißtrauen auf. In Deinem Lebenskampf hast Du Deine Gefühle zum Schild erhoben. Wenn Du allerdings Deine Gefühle weise kontrollierst, werden die Dich beherrschenden Grundelemente Feuer und Wasser nicht mehr gegeneinander, sondern miteinander Deinen Charakter bilden.

Nimm eine Schale und fülle sie mit Zweigen und Blättern der Esche. Lasse Dich unter diesem Baum nieder oder begib Dich an den Ort Deiner Ruhe im Haus. Dann wende Dein Gesicht nach Norden. Zünde sodann eine violette Kerze an und stelle sie neben die Schale. Nimm nun ein kleines Eschenblatt, iß es, und vergiß nicht zu danken. Fühle, wie sich die Essenz des Baumes in Dir ausbreitet. Wurdest Du je durch ein Ereignis oder einen Menschen um Deine Beherrschung gebracht, dann ist nun der Ort gefunden, alles Dir Zugefügte und Deine ehemaligen Reaktionen aus dem Bannkreis der Emotionen zu entlassen. Nimm das Geschehene aufrichtig an, und lasse Dich durch Dein höheres Bewußtsein zur Vergebung anregen. Wahres geistiges Leben soll keine Emotionen und empfindsames Tun unterdrücken; doch der Verstand soll ordnen, was außer Kontrolle geraten ist, und das höhere Bewußtsein soll läutern, was durch Verwundung und Schmerz in Ablehnung oder gar in Haß gefallen ist.
Laß Dein Herz und Dein Gemüt hell werden, und die ganze Welt wird sich verändern. Die Welt wird sich verändern, weil Du es mit Deiner Kraft so willst; sie ändert sich zuerst durch dich und dann erst durch die anderen.
Sei ein Freund der Weltenesche!

Die Esche spricht:

Ich bin würziger Rauch und Wärmefluten, ich breche das Licht im Blättertanz. Wer könnte wie ich die Klagen tragen? Auf Kosten meines Kronenschmuckes neige ich mich Dir in Liebe zu. Doch eine Sekunde will, daß ein Tautropfen Fluten befreit. Ja, ich weise die Zeit des Schnitters zu, der Zweig und Ast zur Waffe bildet. Wer sich selbstbetrachtend meiner Duldsamkeit entzieht, schnellt mit der Kraft meiner Bögen pfeilgleich eine Zeit zurück. So gehe und komme wieder, nachdem Du den Sinn der Waldquelle erschlossen hast.

Der Ginkgo

Die Ursprünge des Ginkgo lassen sich auf 300 Millionen Jahre zurückdatieren, und in China ist der derzeit wohl älteste Ginkgo beheimatet, dessen Alter auf 4000 Jahre geschätzt wird. Vor ungefähr 200 Jahren trugen Reisende den Ginkgo in andere Erdteile. Da er robuster Natur ist, gedeiht er sowohl in kühlen wie halbtropischen Zonen. Das wie ein Fächer gebildete Blatt, dessen Konsistenz von weich bis hart reicht, ist mit einem langen Blattstengel ohne Mittelrippe verbunden. Die Blattadern teilen sich vom Stiel ausgehend bis zum Blattrand. Als nach der Atombombenexplosion von Hiroshima der Tod Menschen, Tiere und Pflanzen dahinstreckte und auf der verbrannten und verkohlten Erde nichts mehr gedeihen wollte, entsprossen im folgenden Frühjahr einem großen Ginkgo, der in der Feuersbrunst „wie ein Strohhalm brannte", zarte Triebe. So wurde dieser Baum plötzlich zum Zeichen der Hoffnung auf eine segensreiche Zukunft. Tatsächlich ist dieser Baum derartig widerstandsfähig, daß er den ungünstigsten Umweltbelastungen wie Abgasen, Schädlingen, Pilzen, Viren und Bakterien trotzt.

In New York säumt er mehr als andere Bäume die Straßenränder. Wenn irgendein Baum in New York stirbt, wird er durch einen Ginkgo ersetzt. Da seine Blätter reich an heilenden Substanzen sind, nimmt der Ginkgo in der Medizin beziehungsweise in der Pharmazie eine bedeutende Stellung ein. Bei Schwindel, Ohrgeräuschen, Durchblutungsstörungen verschiedener Bereiche des Körpers und stetigem Verlust der Sehschärfe werden Ginkgo-Präparate verabreicht. Den höchsten Wirkstoffgehalt weisen die Blätter im Herbst auf, und zu dieser Jahreszeit werden auf großen Plantagen in Ostasien, Frankreich und den USA die Blätter geerntet und entsprechend verarbeitet.

Wenn der Ginkgo in Dein Leben tritt, im Traum , in der Meditation, oder wenn Du eine starke Resonanz zu diesem Baum fühlst, will der Baum Dir sagen, daß Du recht daran tust, der Hoffnung Raum zu geben. Dieser Baum inspiriert Dich, das positive Denken aufzunehmen oder es vollkommener zu entwickeln.
Du bist ein Mensch, der immer wieder beginnen kann, der nicht aufgibt und der beweglich dem Lauf des Lebens zugewandt ist. Weil Du in der Lage bist zu hören, was hinter den Worten liegt, bist Du der geheimnisvollen Weise der Welt des Klanges zugeneigt. Spiritualität und Religiosität sind Dein tiefstes Ansinnen.
Dein negativer Aspekt könnte Unbeweglichkeit sein, sich verschanzen wollen und Kontakte meiden. In Deinem Fanatismus möchtest Du nichts

von außen an Dich heranlassen. Du willst nicht sehen, was da noch geschieht, nicht hören und nicht sprechen. Blockiert, fühlst Du nicht mehr den Fluß des Lebens. Tief in Deinem Innern weißt Du sehr wohl um diese Begrenzungen, doch Du willst fast trotzig in der Bewegungslosigkeit verharren. Obwohl Du erkennst und gleichzeitig darüber erschrickst, was Du anderen an Schmerzen mit dieser Haltung zufügst, bleibst Du störrisch, und es braucht eine lange Zeit, bis Du wieder den Klang des Zusammenlebens aufnimmst.

Betrachtung

Nimm einige Blätter des Ginkgo und bereite Dir daraus eine Essenz. Umsprühe neun Tage täglich dreimal Dein aurisches Feld. Habe die feste Absicht, allen körperlichen Krankheiten und geistigen Unvollkommenheiten mit einem starken Willen und einem frohen Mut zu begegnen, um sie zu verabschieden. Am neunten Tag setze Dich auf den Platz Deiner Ruhe in Deinem Hause. Befindet sich allerdings ein Ginkgo in Deinem Garten oder in einem nahem Park, so begib Dich dorthin und setze Dich unter den Baum.
Sodann denke darüber nach, daß unsere Mutter Erde ein **lebendiges Wesen** ist. Als Gott die Erde schuf, schuf er sie im Einlang verschiedener Energien hohen Bewußtseins. Sie verliehen der Erde

Schönheit und Weisheit, damit sie dem vielfältigen Leben wahre Mutter sein könne.
Beginne, dieses mütterliche Bewußtsein unserer Erde in Dir aufzunehmen, und spüre ihre Wärme, die wie eine Brücke zwischen Dir und ihr, zwischen Dir und den Pflanzen und den Tieren Verbindung schafft. Die Intensität Deiner Betrachtung wird gewiß erhöht, wenn Dir bewußt wird, daß Du ohne unsere Mutter Erde und ohne die Pflanzen und ohne die Tiere nicht leben kannst. Alles dies wurde ehedem so weitschauend und gütig in ein evolutionäres Miteinander gestellt. Und als vollendete Schöpfung sollte es eine bezaubernde Perle im kosmischen Gewande sein. Daß der Mensch diesen Reigen zu durchbrechen vermag, hat sehr wohl einen Grund; doch die Mutter Erde benötigt letztlich den Menschen nicht, um ihre Schönheit und Weisheit zu erhalten.
So rede mit ihr, wie wenn Du mit Deiner Mutter redetest, Deiner Mutter, die Dich einst nährte und zärtlich umsorgte. Rede mit ihr, damit Du ihre unausweichlich folgende Lektion nicht als ungerecht und in Leid erfährst. An einem Tag wird sich die Mutter Erde aller Bedrängnis entledigen, und der Mensch wird dann von Naturkatastrophen sprechen, die ihn zum Rückschritt zwingen. Aber das, was für den einen Rückschritt und Ausschluß sein wird, wird für den anderen Horchen, Sehen, Schreiten sein. So ändere Deine Frequenz, damit Du all dies als Reinigung Deiner selbst erlebst. Der Ginkgo wird Dir dabei helfen, denn als der älteste Baum unter den Bäumen trägt er wie kein anderer das Wissen, die Weis-

heit und die Liebe der Mutter Erde in sich, welche Du benötigst, um zu erwachen. Der Ginkgo ist fürwahr der Botschafter und Vermittler der Hoffnung auf eine friedvolle Zukunft.

Der Ginkgo spricht:

Als mir die Schönheit meines Blattwerkes geschenkt wurde, gruben sich meine Wurzeln ein Grab. Du mußtest kommen, um meiner letzten Hoffnung einen Sinn zu geben. So laß uns gehen, damit wir unsere Geschwister wiederfinden, die Liebe und den Glauben.

SILBERHAAR

Es ist Nacht, als ich aufwache, zumindest denke ich, daß es Nacht sein müsse, denn der Himmel ist samtig-schwarz, die Sterne sind groß und funkeln, und der Mond ist rund und vollkommen. Ich entschließe mich, in den Wald zu gehen. Ich genieße es, hin und wieder bei Nacht durch den nahegelegenen Wald zu wandern. Daß es Menschen gibt, die sich ein solches Erleben aus Angst und Unbehagen verwehren, bleibt mir unverständlich. Vielleicht schauen sie zuviel Fernsehen, denke ich, schlüpfe in meine Schuhe und ziehe meinen leichten Wanderanzug an. So gehe ich bald durch die im Mondlicht erhellten Felder. Die sich im milden Nachtwind wiegenden Ähren scheinen mich mit leichter Verbeugung begrüßen zu wollen. Mit einer Hand streife ich einige Ähren, und unser stilles Einvernehmen wird von einem würzigen Duft umgeben, der den Getreidefeldern eigen ist, aber in dieser besonderen Weise nur nachts ausströmt. Bald gelange ich an einen kleinen Bach, dessen Quelle irgendwo im Walde liegt. Ich setze mich auf einen flachen und bequemen Stein, den ich selbst einmal an die Uferböschung gelegt habe und dessen Oberfläche mit einer leichten Moosschicht bedeckt ist.

Hier an dieser Stelle, umgeben von Farn und Holunder, plätschert der Bach seine liebliche Musik.
Wie wundersam und geheimnisvoll sich die Natur schmückt und darstellt, denke ich und bin bereit, mein ganzes Wesen von ihrer Kraft erfassen zu lassen. Ich beuge mich über das bewegt plätschernde Wasser und sehe verschwommen mein Gesicht, und meine Haare sind die silbernen Fäden, die das Mondlicht auf die Wellen gelegt hat.
Irgendwie bin ich von dem Aquarell des Baches begeistert, und mich durchströmt eine wahre Freude und Dankbarkeit. Und während ich in mein Antlitz versinken möchte, höre ich über den Klängen des Baches einen hohen Ton. Ich kenne ihn genau, und wieder einmal bin ich nicht sicher, ob er in mir oder außerhalb von mir erklingt. Vorsichtig beuge ich mich noch etwas tiefer zum Wasser hinunter, um zu lauschen, ob er wohl den kleinen Wellen entspringt. Doch dann knackt es in meinen Ohren, wie beim Ausgleich eines Höhenunterschiedes, und in dieser Sekunde verharrt der Bach in seinem Lauf.
Die Wasseroberfläche wird zu einem großen Spiegel. Ich sehe mein Gesicht, und es erscheint mir unwirklich, Ich weiß, daß ich es bin, und doch bin ich eine andere. Jetzt erscheinen neben mir zwei andere Gesichter. Zitternd liege ich nun auf der Erde und schaue in die Gesichter im Wasserspiegel, der klar und deutlich alle Konturen umreißt. Angst will mich befallen, als ich feststelle, daß mein erster Versuch, vor dieser Erscheinung zu fliehen, mit sanfter Gewalt verhindert wird.

Scheinbar werde ich festgehalten oder niedergedrückt. Ich kann mich nicht erheben und muß mich den Blicken aus dem Wasser stellen. Plötzlich höre ich eine Stimme. Und wieder kann ich nicht erkennen, ob sie in oder außer mir erklingt.
„Von der eigenen Tiefe hängt wesentlich ab, wie tief du das Andere erfährst. Entziehe dich deiner Faszination und löse dich von dir selbst".
Wie soll das nur geschehen, denke ich verzweifelt, und immer noch liege ich starr und unbeweglich an diesem Ort.
„Weite dein Bewußtsein noch mehr aus, indem du Gott in deinem Herzen rufst, damit er dir die Kraft der Unterscheidung verleiht. Dann wirst du die Grenzen zwischen Licht und Dunkelheit erkennen, und die Welt der Schatten wird vergehen. Die Zeit zwischen der Zeit wird verlöschen."
In meiner Verzweiflung rufe ich nun laut und mit aller mir zur Verfügung stehenden Konzentration, in der Hoffnung, daß mein Schrei die Mitte meines Herzens erreichen möge. Noch während ich rufe, spüre ich, wie die mich umklammernden Kräfte nachgeben.
Ich höre das Plätschern des Baches, und die Gesichter auf der Wasseroberfläche sind verschwunden.
Der-den-Frieden-lebt steht plötzlich wieder neben mir und lächelt mich an.
„Ich dachte, du hättest es geschafft," sagt er. „Ich wollte dich mit zwei wunderbaren und intelligenten Wesen bekanntmachen, die dich in die geheime Welt der Bäume und Sträucher einweisen wollten. Doch leider bist du noch nicht reif dazu. Du bist noch zu sehr an deine Emotionen ge-

bunden. Das ist gefährlich. Löse dich von ihnen. Übe täglich das Fließen der göttlichen Energie in dir und weite dein Bewußtsein. Im siebten Monat bei Vollmond komme ich wieder.......

.......Der Wecker klingelt, und ich ziehe die Decke über den Kopf. Die Nacht war viel zu kurz, denke ich und drehe mich noch einmal um.

DIE KASTANIE

In Wien wurden erstmals im Jahre 1576 Roßkastanien aus Samen gezogen, und die Verbreitung dieses wunderschönen Baumes, der ursprünglich aus dem Balkan kommt, erfolgte rasch. In vielen Teilen Europas und Nordamerikas ist er heute ein beliebter Baum. Es gibt zwei Kastanienarten, die rote Roßkastanie und die gemeine Roßkastanie, die beide nicht mit der Edel-oder Eßkastanie verwandt sind. Die gemeine Roßkastanie ist ein bis zu 30 Meter hoher Laubbaum mit einer dichten, breitgewölbten Krone, der nährstoffreichen, lockeren Boden liebt. Einst wurde er gerne als Alleenbaum angepflanzt. Heute ist sein Überleben in Städten nicht mehr gesichert, weil er die stetig steigende Belastung der Umwelt (Streusalz-Asphalt-Luftverschmutzung) nicht verkraften kann. Da seine Frucht im Gegensatz zur Eßkastanie für den Menschen nicht genießbar ist und vielmehr den Speiseplan der Ziegen, der Schweine, der Pferde und des Wildes belebt, erhielt die Kastanie den Zunamen Roßkastanie. Wenn sich die Blüten der Kastanie nach dem Laubaustrieb entwickeln, kann sich niemand der eindrucksvollen Schönheit dieses Anblickes entziehen. Die im dichten, frühen Blattwerk aufgerichteten

Blütenkerzen verleihen dem Baum erhabene Majestät. Und wenn er sich mit seinen markanten Fruchthüllen schmückt, vermittelt er zudem ein wundervolles Selbstbewußtsein. Würde sich die Kastanie in ihrer Schönheit als unnahbar erweisen, nähme es ihr niemand übel, weil schon der Anblick Geschenk ist. Doch wenn die Kinder unter ihrer Krone unbeschwert Kastanien sammeln, und wenn sie den Blick in die hohe Laubkrone heben, um von ihr noch mehr zu erwarten, dann läßt sie unter ihrer milden und freundlichen Energie ihren wahren Adel erkennen. Sich ihrer natürlichen Distanz zu den Menschen bewußt, weil eben die Lebensweisen zu verschieden sind, nähert sie sich mild der Unbefangenheit eines kindlichen Gemütes.

Wenn die Kastanie (Roßkastanie) in Dein Leben tritt, im Traum, in der Meditation, oder wenn Du eine starke Resonanz zu diesem Baum fühlst, so sei Dir Deines regen Geistes bewußt. Deine Phantasie ist lebendig, und Dein intensives Gefühlsleben gestattet Dir, die vielfältigen Probleme dieser Zeit aufzunehmen und sie gedanklich klar zu beleuchten.
Mit Deiner Fähigkeit, Dich für etwas kompromißlos einzusetzen und Dich zurückzuziehen, wenn es die Situation gebietet, bist Du der ideale Diplomat. Du vermagst es, Kraft aus der Konzentration zu gewinnen, und das Durchdringen schwierigster Gedankengebäude ist für Dich kein Problem. Auf der anderen Seite neigst Du dazu, Dir zu viele Gedanken und Sorgen zu machen.

Ständig rasen Gedanken durch Deinen Kopf und wollen sich schier überschlagen. Schlaflosigkeit und Kopfschmerzen sind „Deine“ Krankheiten. Und wenn Dein Konzentrationsvermögen geschwächt wird, kann Dich dies bis zum Zorne reizen.

Betrachtung

Bereite Dir eine Roßkastanienessenz mit den Blüten und den ersten Blättern im Frühjahr. Sprühe die Essenz täglich fünfmal in Dein Aurafeld (drei Tage). Sodann suche einen Kastanienbaum oder den Platz Deiner Ruhe im Hause, und setze Dich mit dem Gesicht nach Norden an den Stamm. Öffne nun mit Deiner Vorstellungskraft all Deine Energiezentren, vom Wurzelchakra bis zum Kronenchakra. Atme tief ein, und wenn Du ausatmest, stelle Dir vor, wie sich eine Chakrablüte nach der anderen öffnet. Achte darauf, daß Du mit Deinem Rücken weiterhin fest am Stamm des Baumes sitzt.

Es gibt sieben energetische Hauptzentren und viele Nebenzentren an Deinem Körper. Alle wirken auf die Entwicklung des Menschen ein. Die ersten beiden helfen bei der Sicherung des Überlebens und betreffen allgemein die Sexualität. Bei den meisten Menschen sind diese beiden Zentren aktiv und geöffnet.

Das dritte Zentrum, auch als Solar-Plexus bekannt, will über die Verbundenheit mit der angestammten Umgebung (Familie-Heimat) und der Erde die Entfaltung des Selbstbewußtseins fördern. In der heutigen Zeit wird die Wirkkraft dieses Zentrums erneuert oder erweckt, und viele Menschen auf allen Erdteilen erkennen über den Schmerz der Heimatlosigkeit und der ethnischen Entzweiungen die Gewalt dieses Impulses.
Die weiteren drei Zentren betreffen das Herz, den Hals und die Position zwischen den Augenbrauen (drittes Auge). Und obwohl der äußere Anschein dagegen zu sprechen scheint, wirken heute die sich nach und nach öffnenden Zentren auf die Vollendung der Menschheit hin. Schon wenn eine kleine Schar von Menschen über diese Energietore Frequenzen reiner Liebe versendet, vermag ein großer Teil der Menschheit zum wahren Leben zu erwachen. Erst wenn sich das Mitfühlende und Liebende erdumspannend herausfordern läßt, öffnet sich das oberste Energiezentrum, das Kronenchakra. Dann erst vermag eine höchste Lichtfrequenz die Menschen zu erreichen, damit ein fließender Austausch mit der sich beständig mitteilenden Liebe Gottes möglich wird.
Neben diesen sieben genannten Zentren gibt es sieben weitere, die aber erst in Interaktion treten können, wenn die drei letztgenannten erwacht sind.
Ein achtes Energiefeld befindet sich außerhalb des Körpers und steht mit dem sogenannten Kronenzentrum über Lichtfasern in Verbindung. Es dient ausschließlich der Aufnahme höherer Informationen. Ist dieses Zentrum aktiviert, dann

vermag der Mensch die Mitteilungen der Bäume, der Tiere und anderer Intelligenzen aufzunehmen, denn hinter der Form des Wortes liegt die Sprache des Geistes, die bar jeder Umkleidung unvermittelt *ist.* Eine Fülle von Informationen mit umwälzender Kraft liegt so auf der Ebene der Erdgürtelzone abrufbar bereit.
Wer sich allerdings der Kraft dieser Botschaften über Medien nähert, ohne überprüft zu haben, ob eine Berufung im Einklang mit der Entwicklung der Energiezentren steht, läuft Gefahr, Sprachrohr niederer Energien zu werden. Dann kann es geschehen, daß die Entwicklung seiner vernünftigen und heiligen Anlagen verebbt.
Ein neuntes Zentrum befindet sich außerhalb der Atmosphäre unseres Planeten. Ein zehntes Zentrum verbindet die Menschen mit dem Sonnensystem. Das elfte Zentrum stellt galaktische Verbindungen her, und ein zwölftes öffnet die Räume unseres Universums. Weitere Zentren durchdringen Dimensionen, die selbst optimistischen und kühnen Geistern jede Sprache verschlagen würden.
Wenn Du nun am siebten Zentrum, dem Kronenchakra, angelangt bist, verlagere den Punkt Deiner Konzentration auf das achte Zentrum und stelle Dir vor, wie es sich langsam öffnet. Fühle, wie Du von Licht erfüllt in Gedankenleere übergehst. Lausche nach innen und lausche nach außen. Erlebe Antwort.
Erlebe Verschmelzung.
Erlebe Erhabenheit. Sei Du selbst

Die Kastanie spricht:

Gut, daß Du gekommen bist. In all den Jahren vernahm ich nur Mahnen und Rufen, das an den Hängen verklang und in den Tälern versank und auf den Ebenen mit dem Wind verschmolz. Tritt näher, damit ich in Deinen Augen die Pracht meines Kronenschmuckes sehe, aber auch den Schimmer deiner Tränen. Sei getrost, bald wirst du erhoben werde.

Die Kiefer

Die Kiefer ist ein bis zu 40 Meter hoher Baum mit meist geradem, schlankem Stamm und ausladender und gelichteter Krone. Die Nadeln stehen paarweise an Kurztrieben und sind drei bis sieben cm lang. Sie hat ein ähnliches Verbreitungsgebiet wie die Birke; so ist sie an der arktischen Grenze ebenso angesiedelt wie in alpiner Lage bis in Höhen von 2400 Meter (Latschengürtel) und in Heidegebieten. Sie hat im allgemeinen geringe Ansprüche an Nährstoffe und Wärme, außer der Strandkiefer, die sehr licht- und wärmebedürftig ist. Ihr Erscheinungsbild ist recht variabel, und je nach Landschaftsstruktur und Forstbedingungen zeigt sie sich als Sternkiefer, Strandkiefer, Waldkiefer (Föhre), Bergkiefer (Latsche) Schwarzkiefer, Pinie und weiteren Typen. Das Kiefernholz wird zur Möbelherstellung besonders gerne verwendet. Außerdem werden aus Kiefernholz Terpentinöl, Lacke, Teere und Ölfarben hergestellt.

In der Heilkunde werden ihre ätherischen Öle bei Atemwegserkrankungen eingesetzt.

Wegen der paarweise auftretenden Nadeln an den Zweigen gilt die Kiefer als Symbol des Eheglücks und der Treue.

Wenn die Kiefer in Dein Leben tritt, im Traum, in der Meditation, oder wenn Du eine starke Resonanz zu diesem Baum fühlst, dann weist dies auf Deine moralische Integrität und Dein ethisch hohes Bewußtsein hin.
Als pflichtbewußter Mensch bist Du zuverlässig, treu und unbestechlich. Deine Persönlichkeit gleicht einem Leuchtturm, der anderen Halt gibt und Richtung weist. So wie die Kiefer bei Wind und Wetter standhält und Kälte-und Hitzeperioden übersteht, so wirst auch Du die argen Zeiten Deines Lebens, Schicksalsschläge und Enttäuschungen überstehen.
Die andere Seite an Dir ist Deine geringe Verzeihensbereitschaft und die Gefahr, daß Du Dich um Deiner Interessen willen schnell der Verantwortung entziehst. Manchmal leidest Du unter Schuldgefühlen, weil moralische Zwänge im Widerstreit zu Deinen wahren Seelenkräften stehen.

Betrachtung

Bereite Dir ein Latschenkieferbad und laß Dich umhüllen vom Duft ihrer Essenz. Nach dem Bad ruhe Dich 10-20 Minuten auf Deinem Bett aus. Dann gehe und suche Dir eine schöne und gesunde Kiefer als Ort Deiner Betrachtung. Im Winter kannst Du auch einige Zweige an den Ort der Ruhe in Deinem Hause stellen und dort Deine

Betrachtung aufnehmen. Wenn Du *Deinen* Baum gefunden hast, dann setze Dich mit dem Rücken an seinen Stamm, mit dem Gesicht nach Osten, dem Ort der Erleuchtung, und lasse die Kraft der Kiefer über Deinen Rücken in Dich einströmen. Denke nach über das Geheimnis der Ehe:
Ist es nicht so, daß in der heutigen Zeit viele Partner betrübt feststellen, den Sinn ihrer ehelichen Verbindung verfehlt oder verloren zu haben? Sie haben sich nichts mehr zu sagen; sie können einander nicht mehr ertragen. Vielleicht hast auch Du wie viele dieser Klagenden irgendwann Deinen Wunschtraum geheiratet, aber nicht Deinen Partner. Und so führt Ihr eine Ehe zu dritt: Du, Dein Partner und Dein Wunschtraum. Der Traum als Vorstellung und Phantasie ist als Illusion immer willig, immer bildsam, unkompliziert und makellos. Aber der Traum ist in seiner ganzen traumhaften Originalität das Produkt seines Schöpfers. Der Traum hat nichts gemein mit der Originalität Deines Partners, die vielleicht noch nicht erweckt oder ausgebildet ist. Wenn Du wirklich etwas von der Tiefe und Schönheit der Originalität Deines Partners erfahren willst, dann trenne Dich von Deinem Traum und betritt den Weg der Vergebung. Vergib zuerst Dir, weil Du, verblendet, Deinem Partner nicht den Raum zur Entfaltung gabst. Vergib Deinem Partner all die kleinen und großen Attacken seines „Freiheitskampfes" , der Dir Wunden zufügte. Werde nun neu in Deinem Wesen und gib Deinen Egoismus auf. Betrachte Deinen Partner als den Spiegel Deiner Seele. Er wird fürwahr den Liebreiz Dei-

ner starken Persönlichkeit widerspiegeln, aber auch allen Makel und Ärger.
Höre auf die zarten Impulse, die sein Sehnen und Verlangen aussenden. Arbeite an Dir und nicht an Deinem Partner, denn Du bist es, der fordert, erwartet und ersehnt. Wenn Du es versäumst, Dich ihm zuzuwenden, wirst Du nicht glücklich werden.. Irgendwann wird Dein Partner nicht mehr genügend Willen aufbringen, Deinem Eigensinn standzuhalten. Vielleicht wird für ihn dann eine glücklichere Zeit anbrechen. Du aber wirst weiter auf der Suche nach Deinem Traum sein.
So beginne, Deinen Partner zu lieben, denn lieben heißt, auch ein unvollkommenes Wesen lieben. Ersticke bewußt jeden aufkommenden Trübsinn und wandle ihn in Licht um. Fasse den Entschluß, einfühlsam und freundlich zu sein, und begib Dich auf Eroberungskurs. Finde eine neue Liebe.
Vertraue Dich in Deinem Bemühen der Kiefer an und laß Dich von ihr stärken.

Die Kiefer spricht:

Als ich aus der Kraft des einen Gedankens entlassen wurde, nahm ich Gestalt an. Und als ich vergaß, blieb mir meine Gestalt, doch ich war alleine. Siehst du wie ich den Tag, an dem alles wieder in den einen Gedanken zurückfließen wird?

Schutzschild

Der-den-Frieden-lebt erhebt sich neben der Eiche.
„Wie vertraut wir schon sind," sage ich glücklich, „ich fühle mich bei dir in einer Welt, in der die geringsten Ereignisse so leicht und einfach eine immer reinere und höhere Schönheit annehmen."
Der-den-Frieden-lebt lächelt mich an und sagt:
„Achte darauf, daß du dich mit dem Blau, dem Rot, dem Grün und dem Gelb schützt. Erarbeite dir diesen Schutzschild, damit deine Stunden des Glückes und deines Friedens nicht vorüberziehen wie die Kraniche im Herbst. Du weißt nie, ob sie im nächsten Jahr wieder zu dir zurückkehren."
„Lehre mich, damit ich den Schild aus Farben formen kann," bitte ich ihn. Denn längst habe ich erkannt, daß ich noch zu sehr Spielball anderer Mächte und Kräfte bin.
„So merke dir," spricht er weiter, „das Blau entfaltest du durch dein immerwährendes Gebet. Erhältst du dir die Unschuld deines Herzens, dann wird das Grün gebildet. Rot erscheint aus dem täglichen und unablässigem Bemühen, und wenn alle deine Taten wahrhaftig sind, dann wird dich das Gelb umhüllen. Ich weiß, du hungerst da-

nach, deinen Geist zu stärken, damit du schneller dein Ziel, die Vollkommenheit, erreichst. Bedenke aber, ohne diesen Schutz wirst du verloren sein in der Welt der Illusion, und es bleibt nichts als Traurigkeit und Asche. Vergiß also nichts!“

Das Gelb und die Wahrhaftigkeit
Das Grün und die Unschuld
Das Rot und die Tat

Nach einer Zeit des Schweigens frage ich ihn: „Kannst du mir helfen, meinen Vorsatz, mich täglich um all dies zu bemühen, in die Tat umzusetzen?“ Mit der Schnelligkeit eines Blitzes zieht mich Der-den-Frieden-lebt von meinem Sitz hoch, wirbelt mich herum und ruft mit lauter, klarer Stimme:

„Wir beginnen!“ ....

.......Ich öffne meine Augen und höre den Nachhall:

beginne...beginne...beginne...beginne...beginne...beginne...beginne...

Das Wort ist verklungen. Die Frische des frühen Morgens bestärkt mich in meiner Vermutung, erwacht zu sein. Aber das nächtliche Geschehen hat mich dennoch nicht aus seinem Bann entlassen. Wie in einem Puzzlespiel bringe ich seine Bild- und Farbausschnitte mit den farbigen Bildern meines täglichen Lebens zusammen. Und aus all den anderen Einzelheiten meines Lebens und den Begegnungen mit Der-den-Frieden-lebt erkenne ich immer mehr meine Wirklichkeit.

Die ersten Vögel beginnen zu zwitschern. Ich schaue aus dem Fenster und sehe, daß die Bäume ihre Nebelschleier noch nicht abgelegt haben. Wer weiß, ob ich morgen so früh wie heute erwache, denke ich und mache mich auf den Weg in den nahegelegenen Wald. Der Waldboden ist feucht, und es riecht nach modrigem Laub. Vor einer prächtigen und wunderschönen Eiche mache ich halt, denn ich spüre, daß ich hier einen Platz zur Besinnung gefunden habe. Der Baum vermittelt Ruhe und Gelassenheit. Wie gerne würde ich nun das ganze Wesen dieses Baumes erfassen und nicht nur sein äußeres Erscheinungsbild bewundern. Was mag er wohl empfinden? Kann er nicht auf ein langes und erlebnisreiches Baumleben zurückschauen und über Dinge berichten, die niemand zuvor gehört und gesehen hat? Gewiß hat er eine besondere Botschaft zu verkünden.

„Wie soll ich es anfangen?" flüstere ich und denke dabei an Der-den-Frieden-lebt. Kaum daß dieser Gedanken verklungen ist, höre ich über dem Raunen des Waldes eine Stimme:

„Nimm alle Eindrücke über die Sinne wahr; sieh, höre, fühle, schmecke und rieche mit ganzer Konzentration. Jeder Baum überträgt dir dann lautlos auf seine besondere Art und Weise eine bestimmte geistige Botschaft."

So wende ich mich langsam mit aller Aufmerksamkeit und erhobenen Händen der Eiche zu und spreche:

„Hier bin ich. Unter deinem Blätterdach fühle ich mich ruhig und ausgeglichen."

Während ich den herben Geruch ihrer borkigen Rinde aufnehme, spüre ich deutlich ihr aurisches Feld. Mit meinen Händen taste ich nun behutsam die Rinde ab. „Wie häufig war ich schon bei dir," flüstere ich, „aber noch immer verweigerst

du mir dein Geheimnis. Öffne dich meinem Geist, damit ich etwas von deinem Geist verstehe. Gewähre mir einen kleinen Einblick über dein Erscheinungsbild hinaus.“ Täusche ich mich, oder durchfährt uns ein leichtes Zittern?
Meine Wahrnehmung beginnt sich zu verändern. Mir ist, als würde sich mein Körper auflösen. Meine Hände fühlen nicht mehr den Widerstand der starren und furchigen Rinde. Der Atem, der sich noch vor einer Sekunde mit dem zarten Nebel des kühlen Waldes vermischte, scheint still zu stehen. Ohne nur eine Spur aufgeregt zu sein, gebe ich mich der Verwandlung hin. Wiewohl ich mir meiner selbst gewiß bin, fühle ich mich in ein neues Werden gehoben. Und wie ein tiefes Ahnen durch ein wundersames Geschehen zur Gewißheit wird, so werden Baum und ich zur Ewigkeit. So geschieht es, daß der Baum das Antlitz der Natur entschleiert, das in seinem Liebreiz vom Urgrund des Seins kündet.
„Ja, ich bin verwandelt und neu geboren, denn die Himmel geben durch die Unschuld der Bäume Teile ihres Glanzes preis“

Die Kirsche

Die Kirsche ist ein zehn bis zwanzig Meter hoher Laubbaum mit meist kurzem Stamm und runder, wohlgeformter Krone.
Seit der Römerzeit ist die Kirsche in europäischen Ländern verbreitet und allseits beliebt. Veredelt gibt es sie in vielen Sorten, und es wird vermutet, daß die wilde Vogelkirsche bis in die früheste Geschichte zurück der Menschheit bekannt war.
Aus der Vogelkirsche wurde die Edelkirsche gezüchtet, die sich wiederum in vielen Variationen, unterschiedlichen Geschmäckern und Größen darstellt.
Nach christlichem Brauchtum werden am vierten oder dreizehnten Dezember Kirschzweige geschnitten und in die Wohnungen gestellt. Wenn die Zweige (Barbarazweige) im Winter aufblühen, ist das ein Hinweis auf kommendes Glück oder baldige Hochzeit.
In Japan ist die Kirschfrucht und der blühende Zweig Symbol der Reinheit, der Schönheit und des Glückes, aber auch der Selbstfindung und des Selbstopfers.

Wenn die Kirsche in Dein Leben tritt, im Traum, in der Meditation, oder wenn Du eine starke Resonanz zu diesem Baum fühlst, dann bist Du Träger eines reinen Herzens. Arglist und Ränkespiele sind Dir fremd, dafür siehst Du in den Menschen und in allen Ereignissen nur das Gute und Edle.

Du befindest Dich auf einem Weg beständiger Selbsterkenntnis, und in stetigem Wandel läßt Du geschehen, daß sich Dein Leben immer neu und ausdrucksstark darstellt. Dein Ziel ist die Transformation auf allen Ebenen des Seins.

Dein negativer Aspekt könnte die Selbstvergessenheit sein. Du meinst, das Gute und die Liebe nur in der völligen Aufopferung realisieren zu können.

Dabei kann nur der Mensch wirklich gut sein, der mit sich selbst fair und liebevoll umgeht. Damit ist er bereit, den Blick seiner Selbsterkenntnis ruhig auf seine Sehnsüchte, Hoffnungen und Schatten zu richten. Die wahre Größe eines Menschen zeigt sich auch in der Bereitschaft, sowohl das Edle als auch das weniger Edle seiner Persönlichkeit zu orten. Tatsächlich haben beide Aspekte ihren Ort, und wer sie verdrängen oder verjagen will, erreicht höchstens einen vorübergehenden Burgfrieden, aber keine Befreiung von dem einen oder anderen Aspekt.

Letztlich will nämlich die Seele, also die vermittelnde Energie zwischen Geist und höherem Selbst, alle Kammern unserer Persönlichkeit ausfüllen. Und wenn sie durch ein beschauliches Leben immer mehr gekräftigt wird, besänftigt sie die übermäßig Frommen ebenso wie die maßlosen Freunde der Sinne.

Betrachtung

Setze Dich unter einen blühenden Kirschbaum oder vor blühende Zweige, die Du an den Ort Deiner Ruhe gestellt hast.
Werde ruhig und laß Deinen Atem gleichmäßig fließen. Schaue intensiv in eine Blüte und umfasse sie geistig mit Deiner ganzen Hingabefähigkeit.
Nun siehst Du die fünf Blütenblätter, die Erinnerungen in Dir erwecken und Dir zurufen:
Mache Dich nun auf und strebe neuen Ufern zu. Nutze die Zeit der Blüte Deines Lebens und säume nicht. Denn solange die Reinheit und Unschuld Deines Herzens in Dir walten, solange vermagst Du, ohne dabei maßlos zu werden, Deine Lebensziele hoch zu stecken. Keine Niederlagen oder Fehlschläge werden Dich ereilen, weil den Unschuldigen im Herzen Engel zur Seite stehen. Und keine niederen Energien von Neid und Mißgunst werden Dich ereilen, weil Du unter der Obhut der Engel geschützt bist.
Da Du der Selbsterkenntnis fähig bist, wirst Du bei Deinen gewählten Vorhaben ohne Furcht vorgehen und alle Hindernisse umgehen können.

Laß nur keinen Zweifel in Dir aufkommen und wisse, daß alle Dinge für den möglich sind, der Gott in sich ruft und sagt „Ich bin“.

Der Kirschbaum spricht:

Einst standen tausend Menschen vor dem Avatar, und tausendmal heilte er die kranken Herzen, als meine Blüten niederregneten.

Die Lärche

Die Lärche ist ein in Europa, Japan und Amerika beheimatetes sommergrünes Kieferngewächs, das im Herbst als einziger Nadelbaum seine Nadeln abwirft. Auch in Island, jenem Teil der Erde, an dem man noch heute teilhaben kann an den ersten Tagen der Schöpfung und wo die Bedingungen für Bäume vielleicht am ungünstigsten sind, wächst die Lärche; manchmal wird sie dort nur ca. einen Meter hoch. Aber man spürt den unbeirrbaren Lebenswillen. Und wo Lärchen wachsen, da gibt es immer in großen Mengen den Rotfußröhrling, einen wohlschmeckenden gelben Pilz.
Die Lärche kann bis zu 45 Meter groß werden. Dabei wächst sie in ihrer Jugend bedeutend schneller als im Alter. Ihre Zweige sind dünn und mehr oder weniger herabhängend. Im Frühjahr wachsen hellgrüne, weiche und zarte Kurztriebe in Büscheln an ihren Ästen, und die Blütenzäpfchen stehen in lebhaft roten Farben aufrecht auf den Zweigen. Im Herbst bekommt die Lärche eine wunderschöne goldgelbe Färbung.
Insgesamt ist sie eine Erscheinung von besonderer Anmut und Zartheit. Mit ihrer ätherischen Ausstrahlung scheint sie aus einer anderen Wirklichkeit zu kommen.

Wenn die Lärche in Dein Leben tritt, im Traum, in der Meditation, oder wenn Du eine starke Resonanz zu diesem Baum fühlst, dann gehörst Du zu den Menschen, die mit ihrer feinen seelischen Gestimmtheit alles Grobe und Ungestüme zügeln. Dabei bist Du freundlich und zurückhaltend. Weil Du über ein instinktives Wissen um die Realität anderer Wirklichkeiten verfügst, wirkst Du auf Fremde eher entrückt als zugänglich. Dein aufrichtiges Bedürfnis nach Wahrheit hält alle Aufschneider und Wichtigtuer von Dir fern. Ihnen bist Du nicht ganz geheuer und lebensfremd. So gehörst Du auch zu den Wenigen, die das Geheimnis des Traumes und die Welt des Unbewußten in das alltägliche Leben einbeziehen. Dein negativer Aspekt ist eindeutig Dein geringes Selbstvertrauen. Weil Selbstvertrauen in Analogie zur Wirbelsäule steht, sind Dir entsprechende Erkrankungen nicht fremd. Achte also auf Dein Selbstwertgefühl, denn wenn Du es nicht entwikkelst, werden Dich bald melancholische Stimmungen beschleichen und Dir einsuggerieren, Dein Beitrag am Erhalt der Erde sei zu gering. Gesellt sich dieser Stimmung dann noch das Gefühl hinzu, unverstanden zu sein, dann dauert es nicht lange, bis Du vereinsamst.
Der Herbst, Symbol der Reife und der Weisheit, verspricht Dir ein goldenes Gewand. Mit Hilfe der Lärche hast Du die Möglichkeit, Dein Wesen mit seiner tiefen Veranlagung zur Reife zu bringen.

BETRACHTUNG

Gehe durch einen Lärchenwald und pflücke ein Zweiglein mit neun Lärchenzäpfchen. Atme tief und bewußt den Duft der Lärche ein und erfahre ihre spirituelle Botschaft.
Bereite Dir aus den Lärchenzweigen eine Essenz (siehe Rezept) und übe mit ihr das Träumen. Deshalb sprühe Dich mit der Lärchenessenz ein, bevor Du zu Bett gehst, und lege über Dein Kopfende neun Lärchenzapfen. Die Lärche stärkt Dein Erinnerungsvermögen; wenn Du also morgens erwachst, dann schreibe Dir den Traum in Dein Traumtagebuch.
Da Du den Traum und seine Symbole recht einzuschätzen vermagst, gelingt es Dir, Begegnungen und Vorhaben entsprechend zu planen oder zu umgehen.
Doch die meisten Menschen achten diese Vorgänge gering. Sobald sie erwachen, entlassen sie die Traumgestalten und Symbole aus ihrem Erinnerungsvermögen oder weisen sie ab als irreale Erscheinungen. Aber im Traum teilt sich eine andere Wirklichkeit in Symbolen und Bildern mit, die das Leben bereichert.
Und ist es nicht so, daß die Menschheit eine eigene „Traumgeschichte“ hat, die von Träumen, Träumenden und Traumdeutungen erzählt? Wer kennt da nicht die alttestamentlichen Erzählungen vom ägyptischen Pharao, dem König Nebukadnezar und ihren Traumdeutern Joseph und Daniel? Atemberaubend spannend sind die Berichte über Menschen, die den Weisungen ihrer Träume folgten und Kontinente eroberten,

Erfindungen komplettierten und Katastrophen entgingen. Und wäre die moderne Psychiatrie und Psychotherapie nicht um hilfreichste Anwendungen ärmer, hätte der Nervenarzt Sigmund Freud nicht nachgewiesen, daß seelische Zustände im Traum sichtbar gemacht werden können?

Zukunftsträume, Geburtsträume, Wunschträume, Verfolgungsträume und Aggressionsträume übermitteln also Botschaften und Nachrichten, die dem Träumenden sagen wollen, daß das Leben eines Menschen aus tausend und abertausend Facetten besteht. Jedes Mosaiksteinchen des Lebens trägt zur Qualität des gesamten Bildes bei. Und wenn ein Steinchen fehlt oder an Farbe verloren hat, dann kann die Symbolik des Traumes es auffinden oder es erhellen.

Ein aufmerksamer Mensch müßte demzufolge daran Interesse haben, die Ganzheit seines Lebens im Wachen und im Träumen zu erfahren.

„Ein ungedeuteter Traum ist wie ein ungeöffneter Brief", heißt es im Talmud. Und wieviel Mißverständnisse, Irrungen und Wirrungen, Leid und Trauer wären den Menschen erspart geblieben, wenn sie die ungeöffneten Briefe gelesen hätten.

Die Lärche spricht:

Warum fürchtest du dich vor den Mächtigen nah und fern? Sie hatten einmal einen Traum, und bald werden sie die Himmel ihrer Aussaat ernten. Träume deine Träume mit mir, du Narr am Hofe des stillen Widerstandes. Oder willst du nicht mehr das Land erobern, um es der Mutter wiederzugeben?

Die Linde

Die Linde bevorzugt die gemäßigten Zonen des Nordens. Dort vermag sie mehrere hundert Jahre alt zu werden. Am auffallendsten ist ihre mächtige Krone, die mit herzförmig zugespitzten und breiten Blättern geschmückt ist. Die Blüten bilden sich nach dem Laubaustritt, dann hängen sie wie kleine Dolden mit den Blütenköpfchen nach unten. Sie sind zwittrig, weingelb und wohlriechend.

Bei den Germanen war dieser Baum nicht nur Schattenspender, sondern auch Versammlungsort für die Dorfgemeinschaft; dort wurde dann Gericht gehalten oder, wenn es so sein sollte, getanzt und gefeiert.

Die Linde war der Liebesgöttin Freja geweiht, die dem großen Gott Odin ihr Wissen vermittelte, das sie unter anderem von der Linde erhielt. Das Wort „lindern" ist von der Linde abgeleitet. So wirkt sie vor allem auf ein schwaches Herz. Hildegart von Bingen empfahl den Lindenblütentee, um ein „unterkühltes Herz" zu heilen.

Wenn die Linde in Dein Leben tritt, im Traum, in der Meditation, oder wenn Du eine starke Resonanz zu diesem Baum fühlst, dann ist Dein Gerechtigkeitssinn wunderbar ausgeprägt. Durch Deine Umsichtigkeit und Dein Feingespür in schwierigen Lebensfragen gibst Du zur rechten Zeit den richtigen Rat.

Deine Gedanken und Deine Gefühle sind ständig fließende Energieströme, die in ihren Schwingungen beruhigend und auch heilend auf Dein Gegenüber einwirken, auch ohne Worte. Güte und aufrichtiges Bemühen um geistigen Fortschritt kennzeichnen Deinen Charakter.

Deine negativen Aspekte könnten Stolz und Eigensucht sein. Du verschließt Dich dann dem geistigen Fortschritt und kristallisierst. Wenn Du nicht wachsam bist, könntest Du an Herzenskühle erkranken, eine der folgenschwersten Krankheiten überhaupt.

Es wäre schön, wenn Du gemäß Deiner so menschlichen Veranlagung nicht davon abließest, positiv zu denken.

In dem Maße, wie Du Deine natürlichen Kräfte, die Güte und die Gerechtigkeit, mit Hilfe der Linde entfaltest, in dem Maße wirst Du zum Anlaufpunkt vieler Menschen, die unter Deiner wohltuenden „Krone" Schutz, Hilfe und Heilung suchen und erhalten.

Um Dich innerlich und äußerlich zu reinigen, beginne eine Schwitzkur mit Lindenblütentee. Setze Dich im Juni oder Juli, zur Zeit der Blüte, unter eine Linde und nimm einige frische Blüten und lege sie in einem Kreis um Dich. Werde still und atme bewußt den wohlriechenden Duft der Lindenblüten ein. Während Du Dich so ganz auf die Linde konzentrierst, laß geschehen, daß sich Dein Wahrnehmungsvermögen erweitert. Dann kann es sein, daß Dir der Baum Dinge mitteilt, die sich Deiner Auffassungsgabe zuvor entzogen haben. Bäume nehmen nämlich wesentlich eher die Empfindungen der Erde wahr als der Mensch. Sie erspüren das Unbehagen der Erde und bevorstehende Naturkatastrophen, lange bevor der Mensch ihr Kommen durch Sinneseindrücke oder Apparaturen registriert. Vielleicht sagt Dir die Linde etwas über die Traurigkeit der Erde, die sich der Bedrängung durch den Menschen kaum noch erwehren kann. Vielleicht gibt sie Dir einen Rat, wie Du *Dein Verhalten* der Erde gegenüber ändern kannst, um dann im Zusammenwirken mit anderen den Mißbrauch an ihr zu beenden.
Die Linde leidet wie kein anderer Baum mit der Erde, und das kostbarste, was sie Dir vermittelt, ist das Geheimnis der Güte und der Gerechtigkeit.
Nur die Güte wird Dich befähigen, all Deine geistigen Erkenntnisse zu einem lebendigen Gut werden zu lassen. Die Güte in Deinem Herzen verbannt negative Gedanken und Gefühle und schafft Einheit unter den Menschen.

Güte kommt von Gut, und Gut ist alles, was Dir Lebensfreude und Frieden schenkt. Gut ist, was Dich befreit von aller Versklavung ausbeuterischer Systeme und Menschen.
Gut ist, was Dich frei macht von Furcht und Angst und der ausbeuterischen Kräften in Dir. Denn Du selbst kannst Dein größter Feind sein, wenn es darum geht, Deinen Frohsinn und inneren Frieden zu erhalten. Gut ist, mild mit sich und anderen umzugehen.
Gemeinsam mit ihrer Schwester, der Demut, erlaubt die Güte nicht, daß man sich vor ihr verbeugt. Aber diese beiden beugen auch nicht ihre Häupter vor irgendwelchen selbsternannten Göttern, sondern nur vor dem einen, wahren Gott. Beginne, in Güte alles Leben zu achten. Damit bejahst Du mit Deiner Lebenshaltung die universale Einheit, ohne Deine Originalität einzubüßen.

Die Linde spricht:

Kein Stein vermochte sich dem milden Spiel des Wassers zu entziehen. Kein Baum widerstand der zarten Berührung des Windes. Und als ich mich im Gebrüll des Donners dem Licht entgegenstellte, blieb mir die Wahl zwischen Vergänglichkeit oder Güte.
So soll sich in deinem Haar mein Duft verfangen. Gelber Wind soll deine Haut berühren, damit du spürst, was Zartheit ist. Und unter dem Schattendach soll dich das unauslöschliche Licht für alle Zeit bezwingen.

ADLERFEDER

Lautlos taucht das Ruder in den stillen See, und das Kanu gleitet unter den hängenden Weiden dahin. In diesem Moment bin ich mir der Zeitlosigkeit des Lebens bewußt, ich fühle, daß ich bin. „Es gibt eine Kraft in dir, die grenzenlos liebt," so höre ich es in mir klingen. Und weiter: „Viele Schichten deines Bewußtseins wollen erweckt werden, und jede hält ein Geschenk für dich bereit. Jedes Geschenk ist originell und hat Kraft, die Strecken deines Lebensweges zu ebnen. So legt auch das Universum ständig Hinweise auf deinen Lebensweg, die darauf warten, von dir aufgehoben zu werden. Hebe sie auf und befreie sie von ihren unsichtbaren Hüllen. Lüfte das Geheimnis der verborgenen Gaben." Ich danke meiner inneren Stimme und mit ganzer Aufmerksamkeit beobachte ich nun die Natur. Ich höre, wie in der Ferne Wildgänse vorüberziehen. Und als die leichte Brise ein Blatt auf die Oberfläche des Wassers weht, höre ich erneut die Stimme: „Biete dem Wasser keinen Widerstand, höre auf das Raunen des Waldes und stelle dich dem Wind nicht entgegen." Immer mehr lasse ich mich in die Klang- und Bilderwelt der Natur einbeziehen, während mein Boot immer weiter und weiter gleitet. Der

Augenblick wird zur Fülle des Seins, denn es gibt keine Zeit, denn es gibt keine Zeit.......

.......Plötzlich kommt mir ein Boot entgegen, in dem ruhig und freundlich Der-den-Frieden-lebt sitzt. Ich freue mich von Herzen, ihn wiederzusehen. Heute trägt er einen violetten Umhang, der vorne von einer Feder zugehalten wird.

„Binde die Leine deines Bootes um die Birke dort und fahre mit mir weiter", sagt er.

„Wie kommt es, daß ich dich hier treffe?" frage ich ihn, als ich sein Boot besteige.

„Deine Gedanken bilden den Eingang in die Welt der Energien. Heute waren deine Gedanken klar und rein. Dein Schweigen hüllte dich mit dem Schutzmantel der Stille ein und wies deine Wunschgedanken unverzüglich zu mir."

„Immer wenn ich bei dir bin und du mir all dies entschlüsselst, ist mein Herz wie verzaubert," sage ich zu ihm, und ich mache es mir bequem in seinem Kanu. Der-den-Frieden-lebt schaut mich freundlich an und rückt die Feder an seinem Umhang zurecht.

„Heute bin ich zu dir gekommen, um das Geheimnis der Himmelsrichtungen und der Winde zu erklären. Doch bevor ich dies tue, möchte ich dich daran erinnern, daß du nur über den Geist Gottes zur wahren Weisheit und Erkenntnis gelangst. Es gibt einen Zyklus im Leben der Menschen, den jeder durchschreiten muß, um überhaupt erst den Geist der Wahrheit wahrnehmen zu können. Wie groß ist das Geschenk des Himmels, wenn dies ohne die Erfahrung des Leidens geschieht. So nimm den Geist der Wahrheit auf und schreite voran auf Deinem ureigensten Weg. Wenn du einen Aspekt auf diesem Weg vernachlässigst oder ausläßt, schaffst du Unordnung. Wenn du einmal aus dem Geiste des Unnennbaren gehandelt hast und er in dir Wohnung genommen hat, dann wird er dir auch im Auf und Ab deines Lebens behilflich sein. Er wird dich nie mehr verlassen, und du wirst immer wissen, wann du gehen und wann du stehen mußt."

Der-den-Frieden-lebt spricht leise und sanft. Seine Worte dringen wie Melodien in mein Inneres ein, und ich schließe meine Augen, um alles, was er mir weiter sagen wird, besser aufnehmen zu können.

„Schau zum Norden, meine Schwester, dort findest du Weisheit, Kraft und Ausdauer. Die Gaben des Nordens sind im Innersten der Erde verborgen. Anfangs scheinen sie dunkel und undurchdringlich zu sein, doch späterhin werden sie dir auf deinem Weg Labsal und köstlich wie das Wasser einer Bergquelle sein. Der Nordwind schenkt Erneuerung und Erholung, und wenn er mit der Kälte kommt, dann will er, daß du dich in dein Innerstes zurückziehst. Er wird dich auffordern, dein Schutzkleid anzuziehen. Dann zögere nicht, dich mit der Weisheit zu vermählen, und blicke mit ihr nach Süden. Schlägst du die Gunst der Stunde aus, wird die Weisheit lange oder für immer der versäumten Hochzeit nachtrauern. Kälte wird in dein Herz einziehen, die Güte schwindet, und deine Stärke wird zur unkontrollierten Macht, die nur zerstört.

Der Süden ist der Weg des Vertrauens und der Unschuld. Es ist schwierig, diesen Weg aufzunehmen. Der Südwind ist heiß, und er verbrennt so-

wohl die ersten Triebe, wie das Unreine und Verschlossene. Er öffnet deinen Geist für Wachstum und Fortschritt. Wer seinem Ruf folgt, ist auf der Suche nach dem Sinn des Lebens, den treibt die Sehnsucht, alles Unergründliche zu erschließen. Jeder, der diesen Weg einschlägt, ist mitfühlend und steht auf der Seite der Minderheiten und Unterdrückten. Aber Geist und Herz müssen sich immer wieder im Vertrauen zueinander finden, in der Harmonie des Gebens und des Nehmens.
Der Osten ist der Weg der Erleuchtung. An diesen Ort kannst du nur gelangen, wenn du die Gaben des Südens und des Nordens empfangen hast. Nichts kann dem Ostwind entkommen; alles, was sich deiner höheren Berufung noch in den Weg stellen will, wird er überführen und bloßstellen. Hälst du seiner Gewalt stand, wird dein Wesen wie eine Frühlingswiese erblühen.
Willst du seinem Ruf zuvorkommen, ohne daß du dich im Norden mit der Weisheit vermähltest und ohne vom Süden in den Stand des Vertrauens gehoben zu sein, gerätst du in eine große Zerstreuung und Wankelmütigkeit. Hast du aber im Süden und Norden deine Lehren gezogen und bist in den Besitz ihrer Gaben gelangt, dann wird dich der Osten herausfordern. Und nur mit einem Schwert aus Licht wirst du die Entscheidungen fällen, die dir dann abverlangt werden. Triffst du deine Entscheidungen gut, dann wirst du in Weiten schauen, die kaum eine Auge je erfaßte. Klar und deutlich werden sich alle Geheimnisse des Lebens vor dir erheben. Du siehst den beginnenden Weltentag ebenso hell wie alles, was deinen Lebensweg noch säumen wird.

Hat sich dir der Westen eröffnet, dann darfst du alle nur erdenkliche Hilfe erwarten, auf deinem Weg nach innen. Deine Stärken und Schwächen wirst du alsbald erkennen. Der Westwind bringt Feuchtigkeit und Regen als Nahrung für die aufgehende Saat und für jeden neuen Tag.
Wähle nun die Winde als deine beständigen Begleiter, und sei zwischen Höhen und Tiefen, zwischen Gerechtigkeit und Gnade zentriert. Füge dich in den Tanz ihrer Energien, und viele Türen werden sich dir öffnen."
Ich öffne meine Augen und frage: „Kann ich die Bäume den Himmelsrichtungen und den Winden zuordnen?"
„Natürlich," entgegnet Der-den-Frieden-lebt, „alles, was lebt und geschaffen ist, bewegt sich im Tanz der Energien, und jedes Wesen, ob Stein, Baum, Tier oder Mensch, bewegt sich im Kreislauf der Himmelsrichtungen."
Der-den-Frieden-lebt senkt seine Stimme und sagt:
„Die Birke steht für den Ort des Neuanfangs und der Erleuchtung.
Die Zypresse ist ein Baum des Süden.
Die Weide ist ein Baum des Westens, und die Eiche und die Kastanie sind Bäume des Nordens."…….
…….Ein heftiger Stoß läßt mich aus meiner Versunkenheit hochschnellen. Ich habe mit meinem Boot einen Stein gerammt. „Wie bin ich nur wieder in mein Boot gelangt?" frage ich mich und hebe die Feder auf, die der alte Mann am Umhang trug; sie liegt direkt vor meinen Füßen.

DIE PAPPEL

Die Pappel ist ein sowohl schlank wie ausladend aufgerichteter hoher Baum, und seine Blätter bewegen sich beim kleinsten Windhauch. Als sogenannte Schwarz- und Silberpappel liebt sie das Wasser und gedeiht besonders gut in feuchten Gebieten. Seit Napoleon die Pappel an Heerstraßen und Gemarkungen pflanzen ließ, gilt sie symbolhaft als Wächter.

Wenn die Pappel in Dein Leben tritt, im Traum oder in der Meditation oder wenn Du eine starke Resonanz zu ihr fühlst, so wisse um Deine künstlerische Veranlagung und um Deine sensitive Natur.
Deine hohe Empfindsamkeit und Intuition lassen Dich den Menschen sehr nahe sein. Doch so, wie schon ein kleiner Windhauch die Blätter der Pappel bewegt und sie in Aufmerksamkeit und Unruhe bringt, so reagierst Du auf alle Schwingungen der Umgebung, nimmst sie auf und setzt sie in Energie um. Träume, Eingebungen und ungewöhnliche Begebenheiten verstehst Du meist richtig einzuordnen. Deine große Empfindsamkeit hilft Dir, in der Welt der Geheimnisse den

richtigen Weg einzuschlagen. Du bist zuverlässig und voller Lebensmut. Wenn Du allerdings in seltenen Fällen das Gleichgewicht verlierst, überfallen Dich unerklärliche Ängste und dunkle Ahnungen, die Dich in Panik versetzen. Dein Urvertrauen scheint dann völlig verzehrt zu sein. Wenn Du in diesen Zustand gerätst, suche die Pappel auf.

Betrachtung

Setze Dich bei Sonnenaufgang unter eine Pappel mit dem Gesicht nach Osten. Achte darauf, daß Deine Wirbelsäule gerade aufgerichtet ist.
Nun atme mehrere Male tief ein und aus. Verlangsame Deine Atmung und bringe Dich in den Zustand der Gedankenleere. Bitte sodann die Pappel, behutsam ihre Essenz in Dich einströmen zu lassen, damit sich alle körperlichen Beschwerden und Ängste auflösen können. Empfinde den Austausch Eurer Energien über die Wirbelsäule. Bevor Du jedoch Fragen hinsichtlich Deiner Beschwerden stellst, solltest Du erforscht haben, ob eine Antwort in Deinem Innern zu finden ist. Erst wenn Dein innerstes Licht erfolglos alle Seelenkammern durchleuchtet hat, solltest Du Dich bereiten, den Rat anderer anzunehmen. Meist wird schon die Ruhe der Meditation Dein höchstes Selbst bewegen, Informationen über den Mentalkörper zu senden, damit Dein Verstand alles Nötige zur Genesung einleitet. Lie-

gen tatsächlich die Ursprünge Deiner Probleme außerhalb von Dir, dann wird die lebensspendende Energie der Bäume, in diesem Falle die Pappel, Klarheit schaffen.
So mag es sein, daß von außen vertrieben wird, was von außen gekommen ist. So mag es sein, daß ein Mensch in Dein Leben tritt, um Dir Antwort zu geben oder ein Buch, ein Symbol oder die besondere Energie der Pappel. Bedenke aber immer wieder, daß Du selbst bleiben mußt, wenn Du bereit bist, Rat von außen aufzunehmen. Gibst Du verunsichert Deinen Standpunkt auf, kann Dich etwas verzehren, was zunächst stärker ist als Du. Wie wichtig dieser Hinweis ist, magst Du ermessen können, wenn Du Dir vor Augen führst, wie stark die Kräfte des Tabakgeistes, die Kräfte des Weingeistes, die Kräfte der Kräuter, die Kräfte der pharmazeutischen Präparate, die Kräfte des sogenannten Ratschlages, die Kräfte der religiösen und politischen Infiltrationen sind. Alle sogenannten Nebenwirkungen, nämlich Kriege, Seuchen und Katastrophen sind das Ergebnis einer schwachen Disposition Deines Standpunktes zu den Kräften dieser Welt.

Die Pappel spricht:

Solange Du meine Bewegtheit als ein Treiben im Wind begreifst, solange wird Dein Herz eher zittern, als daß es den Mut aufbringt, den Feind zu umfassen. Folge mir, und ich werde Dir zeigen, daß ich zurecht Wächter genannt werde. Du wirst dann wachen über die geschundene Kreatur und den Tag vergessen wollen, an dem wir uns trafen. Aber wenn Du dann erhoben bist, zittern Deine Blätter im Wind.

Die Tanne

Wir kennen zwei Tannenarten, die Weißtanne oder Edeltanne mit glatter Rinde -sie schimmert etwas silberweiß- und die Rottanne (Fichte) mit rauher, rötlicher Rinde. Tannen und Fichten sind in Europa die längsten und geradesten Bäume, die eine Höhe von 60 m erreichen können. Das Tannenholz ist sehr geeignet für den Bau von Instrumenten, die einen guten Resonanzboden benötigen, wie die Geige, das Klavier , die Gitarre etc.. Die Tanne ist ein immergrüner Baum, und seine Nadeln verwesen sehr langsam, was zu einer Übersäuerung des Bodens führt. Weil sie immer grünt und ihre Wälder undurchdringlich erscheinen, symbolisiert sie das ewige Lebens und das Geheimnisvolle.

Wenn die Tanne in Dein Leben tritt, im Traum, in der Meditation, oder wenn Du eine starke Resonanz zu diesem Baum fühlst, so wisse, daß die Grundenergie Deines Wesens zurückhaltende Würde ist.
Du liebst das Geheimnisvolle und Mystische. Märchen und Legenden regen Dich an, die Welt der Archetypen zu betreten und zu entschlüsseln.

Alles Magische zieht Dich an, wobei Du Deine Faszination in dieser Hinsicht zu schnell als Interesse an der „Magie des Lebens" erklärst. Sei aber achtsam, denn schnell bist Du in der Welt der Illusionen verstrickt. Wesentliche Ausdrucksformen Deines Wesens sind durch Deinen Ehrgeiz und Deine Intelligenz begründet, das heißt, Fleiß und Kreativität gehören zu Dir, aber auch Unnahbarkeit und Kühle. Wenn die Tanne *Deine* Energie ist, bist Du aufgerufen, Geben und Nehmen in Balance zu halten.
Allgemein wirkt die Tanne mit ihren Essenzen erfrischend und reinigend auf die Luftwege ein. So wie du nur durch gleichmäßiges Ein- und Ausatmen die Kräfte der Tanne aufnehmen kannst, so kannst Du die Fülle Deiner positiven Möglichkeiten nur zur Entfaltung bringen, wenn Du konzentriert auf das gleichmäßige „Atmen" Deiner Zeiten der Verinnerlichung (Meditation-Besinnung-Kontemplation) und Deiner Zeiten kreativer Darstellungen achtest. Niemand kann nur eine dieser Lebensenergien leben. Beide suchen zur gegebenen Zeit einen Ausdruck. Es wird Deiner Vernunft geboten, das rechte Maß zu finden.

Betrachtung

Setze Dich unter eine Tanne und atme bewußt tief ein und aus. Spüre, wie der Duft des Harzes

durch Deine Lungen strömt und Deine Atemwege reinigt. Nun erlerne das Schweigen, denn die Gewohnheit, dauernd zu reden -auch in Gedanken!-, verbildet die Feinfühligkeit. Richte Deine Augen auf einen entfernteren Gegenstand, aber halte Deinen Blick nicht starr; kreise mit ihm langsam gegen die Uhrzeigerrichtung. Wenn sich Bilder und Gedanken zeigen, halte sie nicht fest, sondern lasse sie ruhig vorüberziehen. Übe Gedankenleere. Hülle Dich in Schweigen. Dann werden die Schwingungen des Schweigens in Dir eine Grundlage schaffen, damit Du die innere und äußere Balance halten kannst. Übe, so häufig Du magst, fünf bis zehn Minuten.
Im Frühjahr nimm ein kleines Tannenzweiglein und kaue darauf, solange Du magst. Dein Zahnfleisch wird dadurch gekräftigt, so daß Du in Zeiten der Schwäche körperlich und geistig wieder den alten „Biß“ erlangst.

Die Tanne spricht:

Nicht ich bin undurchdringlich, sondern das Unterholz. Lasse Dich nicht täuschen, meine Brüder und Schwestern sind nicht Wald. Wir lassen Dir diese Illusion, damit Du atmen kannst. Wenn Du mich allerdings umfäßt, verläßt Du das Gesetz, das Dich zu atmen zwingt. Überlege, ob Du wirklich bereit bist, Deiner Ahnung zu folgen. Denn wenn ich Dich aufgenommen habe, findet Dich niemand mehr.

FELSENWAND

„Warum fürchtest du dich so, den Himmel zu erfahren, der in dir ist?“ fragt mich Der-den-Frieden-lebt, während wir an riesigen Felsblöcken vorübergehen.
„Ich fürchte mich nicht, nur manchmal erscheint mir der Himmel undurchdringlich und fern. So wie wir jetzt diesen Felsblöcken ausweichen, so muß ich häufig andere innere Wege gehen, weil ich denke, daß irgendetwas meinen Weg verstellt. Zwischen meiner Persönlichkeit und meinem höheren Bewußtsein scheinen Felsblöcke zu sein.“
„Nein, nein, die Felsen sind Illusionen, die du durch deine Gedankenkraft schaffst. Alles Göttliche ist so einfach, so unendlich einfach. Warum gehst du nicht den direkten Weg zu Gott? Nur weil du es nicht wagst, deiner Herzensstimme zu folgen, um damit Gott gemäß zu handeln, verläufst du dich. Folgst du den Umwegen, indem du beständig den Hindernissen ausweichst, wirst du nie in das weiße und reine Licht deines Zentrum oder des Zentrums eines Baumes oder eines Steines eintauchen können.“
In der Zwischenzeit wird unser Weg an beiden Seiten von großen Felsblöcken gesäumt. Er ist auch schmaler geworden, und als ob unser Ge-

spräch es vorbereitete, stehen wir vor einer gewaltigen und, wie mir scheint, unüberwindlichen Felswand.
Der-den-Frieden-lebt verneigt sich vor dieser Wand, spricht einige mir unverständliche Worte, und ich fühle seine wache Aufmerksamkeit. Vor Aufregung beginnt mein Herz heftiger zu schlagen; ich weiß, gleich wird etwas Besonderes geschehen. Der-den-Frieden-lebt schaut mich nun an und sagt mit einer Ernsthaftigkeit, wie ich sie kaum an ihm wahrgenommen habe:
„Ich will dich in ein Geheimnis einweihen. Laß also Hingabe und Vertrauen in dich einfließen; beruhige deinen Geist und zügle deine Gedanken."
„Bitte, hilf mir dabei," sage ich leise.
Der-den-Frieden-lebt kommt auf mich zu und nimmt meine Hände. Er schaut mir in die Augen, und zum ersten Mal bemerke ich, daß aus seinen Augen eine unbeugsame Kraft spricht. Jetzt sehe ich, wie sich zwei kleine Lichtpunkte in seiner Pupille formen und zu einem kleinen Lichtstrahl zusammenfließen. Und wie ein Sonnenstrahl durch einen Blätterwald dringt, um ein Moosfleckchen zu erwärmen, so trifft mich das Licht seiner Augen. In völliger Ruhe und Gelassenheit höre ich seine weiteren Anweisungen.
„Atme nun tief und ruhig und weite damit alle deine Zellen; bereite sie mit deiner ruhigen Atmung vor, Licht aufzunehmen.
Sei also aufmerksam, denn die gezielte Aufmerksamkeit bereitet der Energie des Lebens eine rechte Bahn."

Während er so zu mir spricht, fühle ich mich von einer unsichtbaren inneren Kraft erhoben.
Dadurch, daß ich nun in einem Zustand völliger Ruhe bin, ändert sich allerdings nichts an meiner Unbeholfenheit, seinen Anweisungen zu folgen.
Also frage ich:
„Soll ich gedanklich in das gleißende Sonnenlicht schauen?"
„Nein," erwidert Der-den-Frieden-lebt, „was sich dir gleich mitteilt, ist formlos und unsichtbar. Es vermittelt sich nicht über die dir bekannten Übungen der Meditation. Dir bleibt nichts zu tun, als es geschehen zu lassen."
Seine Worte erreichen mich wie ein Echo.
Der-den-Frieden-lebt wendet sich nun erneut der Felswand zu, die uns den Weg versperrt. Mit erhobenen Händen geht er auf sie zu und spricht leise Worte, die ich nicht verstehe.
Gebannt schaue ich auf sein Tun, und plötzlich geschieht das Unfaßbare: Ein ungleichmäßiger, feingezogener Riß ist auf der Felswand zu sehen und teilt sie in zwei Hälften. Gleich darauf bricht die Wand laut berstend auseinander und gibt einen schmalen, hohen und dunklen Durchgang frei.
Der-den-Frieden-lebt nimmt mich bei der Hand und führt mich über Geröll und Staub, dabei komme ich mir vor wie ein kleines Kind, das zum ersten Mal eine Straße zu überqueren hat.
„Was ist hier geschehen?" frage ich, wobei mein Gesichtsausdruck wenig intelligent sein muß, denn Der-den-Frieden-lebt zeigt das milde Lächeln aller Duldsamen.

„Die Kraft liegt in der Liebe, im Willen und im Wissen," sagt er bescheiden.
Nach einiger Zeit haben wir den Durchgang durchschritten, der Weg wird wieder breiter und begehbarer. Allerdings stelle ich mit Verwunderung fest, daß, seit wir die Felswand durchschritten haben, kein Geräusch mehr zu hören ist. Alles liegt in tiefer Ruhe und Klanglosigkeit.
In nicht zu weiter Entfernung sind vereinzelt Bäume zu erkennen, vielleicht die Vorläufer eines Waldes. Offensichtlich will mich Der-den-Frieden-lebt dorthin führen.
„Du wolltest mich in ein Geheimnis einführen," richte ich mich, immer noch von dem gerade Erlebten tief bewegt, an ihn. „Aber ich habe nur geschaut, und das Geheimnis besteht immer noch. Erkläre mir doch, was hinter dem Geschauten liegt."
„Als du dich bemühtest, durch erhöhte Aufmerksamkeit deine Zellen zu weiten, bereitetest du der in dir vorhandenen und um dich wirkenden Lebensenergie gewisserweise einen größeren Raum. Dieses wurde durch eine veränderte Wahrnehmungsfähigkeit belohnt. Du sahst plötzlich Dinge, die du in deinem vorherigen Zellzustand nie zu sehen bekommen hättest. Darüber sei erfreut, denn es ist eine Gunst, die du nicht erzwingen kannst. Deine Bitte, dich hinter die Dinge schauen zu lassen, zeigt mir, daß du den Unterschied zwischen Schauen und Sehen sehr wohl erahnst.
Der Grund, warum Menschen nicht richtig sehen und fast nie zum Schauen gelangen, liegt in der Gespanntheit des Verstandes und der zusam-

mengepreßten Zellen. Können sich die Zellen ausdehnen, dehnt sich der Mensch in seiner ganzen Natur, wodurch auch der Verstand freier und vollkommener arbeitet.
Denke dir einen Fluß, dessen Ufer mit Steinen künstlich begradigt sind. Starr eingebettet nimmt er einen traurigen Lauf. Links und rechts ziehen sich seine Weggefährten, die Pflanzen und Tiere, immer mehr zurück. Befreist du ihn aber von seiner unnatürlichen Enge, mag er zwar hier und dort einmal über die Ufer gehen, doch alles in und um ihn ist dann voller Lebensfreude.
So ist es auch beim Menschen. Die Lebensenergie muß gut und ohne Anstrengung fließen. So fließt sie, wie und wo sie will. Doch wenn du Aufmerksamkeit übst, siehst du auch ihre Intelligenz. Du erkennst, daß die Lebensenergie ein Element des Geistes ist. Der Geist formt und bildet, löst und offenbart mit Hilfe der Lebensenergie. Wenn du aufmerksam bist, wirst du bald erkennen, daß du das bist, was du denkst.
Keine Gestalt und keine Kraft in der sichtbaren und unsichtbaren Schöpfung ist aus sich selbst geworden, sondern nur aus dem Geist. Und zur Formgebung nützt der Geist ein Element seiner selbst: Die Vitalität der Lebensenergie.
Doch nun gelangen wir an die Schwelle des Geheimnisses. Erst wenn du sie zu überschreiten im Stande bist, löst du dich aus der Gebundenheit deiner Form. Wenn du die Schwelle überschreitest, verbindet sich dein Geist mit dem unendlichen Geist. Du kannst es mit einem Kohlefeuer vergleichen. Schaust du in die Glut, weißt du nicht, was Kohle oder Feuer ist. Entnimmst

du aber dem Feuer die Kohle, wird sie wieder schwarz und kristallisiert. In der Verbundenheit deines Geistes mit dem Geist des All-Einen handelst du göttlich. Alles was du tust, kommt aus der Kraft des einen Geistes.
Wenn du die Schwelle übertrittst, wirst du entweder sterben, oder du wirst leben in der Kraft des Einen, und deine Entscheidungen werden getragen von der Liebe und dem Wissen um die Geheimnisse der Erde und des Universums."
In der Zwischenzeit haben wir die ersten Bäume hinter uns gelassen und gehen durch den Wald. Es ist dunkel geworden. Der Geruch frischen Zedernholzes liegt in der Luft, und nur wenige Meter weiter erreichen wir die vorhergesagte Feuerstelle. Ich wundere mich schon lange nicht mehr über kleine Ungereimtheiten, und so nehme ich es gelassen hin, daß augenscheinlich niemand hier ist oder war und das Feuer dennoch brennt. Wir setzen uns an die Feuerstelle. Obwohl wir, wie mir scheint, stundenlang wanderten, spüre ich weder Hunger noch Erschöpfung.
Der-den-Frieden-lebt nimmt jetzt eine kleine Metallschale aus seiner Jackentasche und bestreut sie mit winzigen Krumen aus Zedernholz. Mitten in der Feuerstelle befindet sich ein Stein. Auf diesen sehr heißen Stein stellt er nun die dünne Schale, der sofort ein dichter und intensiv würziger Rauch entsteigt. Mit einer Hand weht er den Rauch in meine Richtung, so daß ich bald in dichten Rauch eingehüllt bin.
„Alle feinstofflichen Gedankenformen, die noch an dir haften, werden mit diesem Rauch vertrieben", sagt er, „die Zeder ist der heilige Baum der Reini-

gung." Der-den-Frieden-lebt hebt segnend die Hände, und während er sich den vier Himmelsrichtungen zuwendet, summt er eine Melodie. Dann bittet er mich, ihm zu folgen. Nach kurzer Wegstrecke stehen wir vor einem von Bäumen und Sträuchern verdeckten Eingang, dessen Steinsäulen links und rechts mit den verschiedensten Tierzeichnungen verziert sind. Über der Türe, die aus Stahl zu sein scheint und mit schweren Eisen beschlagen ist, befindet sich ein kolossaler Trägerbalken. In regelmäßigen Abständen befinden sich in ihm drei runde Ausbuchtungen. In der mittleren Ausbuchtung, die direkt über dem Türkreuz ist, steht eine steinerne Schale, der Rauch entsteigt. Der Geruch des Rauches ist frisch, aber ich kann ihn nicht eindeutig bestimmen.

„Nun sind wir am Ende unserer Wanderung", sagt Der-den-Frieden-lebt, „und ich muß dich jetzt allein lassen. Wenn du unter den Bäumen warten möchtest, bis ich zurückkehre, werde ich es respektieren. Wenn du allerdings durch diese Türe gehen willst, um tiefer in das Geheimnis der inneren Welten zu gelangen, darfst du körperlich nicht angespannt sein, denn die Anspannung zieht deine Zellen zusammen, und das Licht in dir weicht. Schenke jetzt deinen Gefühlen keine Beachtung und atme gleichmäßig und ruhig."

Der-den-Frieden-lebt segnet mich schweigend und entfernt sich lautlos.

Ich verharre noch eine Weile, bis ich mich dazu entschließe, die Schwelle zum Eingang in den unbekannten Ort zu überschreiten.

Zuerst zaghaft, doch dann voller Vertrauen öffne ich die schwere Türe und gelange in eine dunkle Kammer, die zwar geräumig, aber nur spärlich ausgestattet ist. Ich gehe weiter durch unterschiedlich große und verschieden gestaltete Räume, die aber nun von einem milden Licht erhellt werden. Wenn ich auch ohne Angst bin, so beschleicht mich doch eine Beklommenheit, denn ich höre weder meine Schritte noch irgendein anderes Geräusch.
Weiter gehe ich durch eine Wandelhalle, an deren Ende weiße Marmorstufen zu einer großen zweiflügeligen Saaltüre führen. Ich gehe die Stufen hinauf, öffne ohne Anstrengung einen Türflügel und betrete eine prächtige und riesige Halle.
Rings an den Wänden stehen wunderschön gepolsterte und aufwendig verarbeitete Stühle und kostbare Skulpturen. Weitere Kunstgegenstände sind harmonisch in den Raum gefügt. In den hohen Wänden sind nach bestimmten Mustern Edelsteine eingearbeitet, und obwohl kein Fenster zu sehen ist, erstrahlt die Halle in hellstem Licht. Die leuchtende Schönheit dieses Anblickes fasziniert mich, und die erhabene Schwingung des Momentes läßt mich ganz leicht werden.
Ich gehe ein paar Schritte, um an einer der vielen Säulen ringsherum stehen zu bleiben. Von hier aus staune ich über die klare und erhabene Schönheit dieses Raumes.
Plötzlich nehme ich überraschend wahr, wie eine Lichtsäule das Hallenlicht überstrahlt. Senkrecht bildet sie sich von der Mitte des Bodens bis in die gewölbte Hallendecke. Auf dem Boden be-

scheint sie ein kreisförmiges Mosaik, das mir zuvor nicht aufgefallen war. Und wie tausend farbige Lichtpunkte zueinanderströmen, um ein Bild zu formen, bilden sich plötzlich die Konturen einer Person in dieser Säule. Immer mehr zeichnet sie sich nun im gebündelten Licht ab. Zu meiner größten Verwunderung erkenne ich Der-den-Frieden-lebt.
Mit einem Male öffnen sich unsichtbare Türen. Unzählige Menschen verschiedenster Nationen betreten die Halle, wobei die vorhandenen Stühle besetzt werden. Nachdem der Zustrom all der Menschen geendet hat und sich ordnet, sehe ich eine Person in die Mitte eilen, um voller Herzlichkeit Der-den-Frieden-lebt zu umarmen. Der Fremde legt seinen Arm um die Schulter meines Lehrers und führt ihn zu einem Stuhl, der freigeblieben ist. Dort nimmt Der-den-Frieden-lebt Platz, und der Fremde, eine Erscheinung voller Anmut und Vornehmheit, beginnt zu sprechen:
„Es ist gut, dich, o Mensch, daran zu erinnern, daß der Geringste unter allen Wesen die Vollendung erlangen kann, wenn er sich entscheidet, die Güte zu leben. Keine Entscheidung verlangt so viel Mut, Kraft und Intelligenz wie diese. Wer sich für ein Leben in Güte entscheidet, wartet auf das Licht, auch wenn die Finsternis ihn überwältigen will. Ist die Güte zum Ideal eines Menschen erhoben, wartet er geduldig auf die Wärme der Liebe, selbst wenn die Herzen in der Kälte der Zeit erfrören. Wer sich der Güte verschreibt, lebt aus dem Christusbewußtsein. In der bewußten Annahme der Güte, die dem Christusbewußtsein erwächst, wird eine neue Kraft geboren. Geboren

aus dem Geist, der Mutter, gezeugt aus der Kraft, dem Vater, gestaltet der neugewordene Mensch im Zusammenspiel aller Kräfte des Kosmos die neue Erde."

Der Redner wendet sich nun um und kommt auf mich zu, die ich ein wenig abseits stehe. Kurz vor mir hält er an, und wie ein Blitz durchfährt mich die Gewißheit, daß er zu mir sprechen wird.

„Bemühe dich, o Mensch, niemandem zu schaden, weder in Gedanken noch in der Handlung. Versende die Kraft deiner Gedanken nur zum Aufbau dieser Erde und zum Erhalt der Liebe. Studiere die emotionale Wirkung, die du auf andere ausübst, und lerne dabei die richtige Anwendung deiner Tugenden.

Höre den Schrei der sterbenden Tiere und Pflanzen und hilf ihnen, als wären es deine leiblichen Schwestern und Brüder. Achte auf die Gefühle all derer, die um dich sind, denn alles lebt und harrt der liebenden Geste. Denke dabei auch an dich und an die Zartheit deiner Seele, die in der Liebe zur alles bezwingenden Kraft erwächst.

Wisse auch, daß wir uns am Beginn eines neuen Zeitalters befinden, das viele Veränderungen bringt. Schädliche magnetische Strömungen erwachsen aus unguten Gedankenkräften. Und weil viele Nationen diese Kräfte hervorbringen, werden immer mehr Angst und Furcht zu Begleitern des Zusammenlebens. Statt Harmonie entsteht Zerstörung, statt Friede entsteht Krieg. Doch jeder einzelne trägt die Macht in sich, dies zu ändern."

An dieser Stelle beendet der Fremde seine Ansprache und tritt zur Seite. Der-den-Frieden-lebt kommt auf mich zu und fragt:
„Bist du bereit, der Güte zu dienen?"
„Ja, ich bin bereit."
Nun beugt Der-den-Frieden-lebt sich vor und flüstert mir ein Wort in mein Ohr, mit der Aufforderung, es täglich zu wiederholen und darüber Stillschweigen zu wahren.
„Sieh all die Edlen, die sich hier versammelt haben! Sie haben sich entschlossen, der Menschheit bei ihrem Übergang in ein anderes Zeitalter zu dienen. Wer wach ist im Geiste, wird diese Hilfe annehmen und weiterreichen. Jeder, der bei vollem Bewußtsein in diese Halle gelangt, erhält entsprechend seinem Auftrag ein persönliches Zeichen", sagt Der-den-Frieden-lebt.
Er bittet mich, eine Hand auszustrecken, und streift mir einen schlichten und schmalen Ring über meinen Finger.
Danach schlägt er seine Hände zusammen, und der Widerhall läßt die Halle erdröhnen.......
.......Ich sitze aufrecht in meinem Bett. Mein Herz klopft fürchterlich, und an meiner Hand steckt ein kleiner neuer Ring.

Die Ulme

Die Ulme ist ein großer Baum mit dichtbelaubter Krone. Ihre Rinde ist anfänglich braungrau und später rechteckig zerklüftet und dunkelbraun. Bekannt sind die Bergulme, Feldulme und die Flatterulme.
Die Bergulme ist die größte von ihnen und kann mit ihrer breiten, gewölbten Krone bis zu vierzig Meter hoch werden. Sie benötigt nährstoffreichen, lockeren Boden.
In der griechischen Mythologie ist sie Symbol des Todes.
In der heutigen Zeit droht sie auszusterben, wobei die Bergulme die widerstandfähigste Ulmenart ist.
Neben der allgemeinen Umweltbelastung ist es der Ulmensplintkäfer, der ihr Überleben bedroht. Im Verbund mit diesem Käfer tritt ein Pilz auf, der das Leitsystem verstopft, so daß die Wurzeln nicht genügend Nahrung in die Krone schicken können.
Ist die Ulme gesund, vermag sie ein beträchtliches Alter zu erreichen.

Wenn die Ulme in Dein Leben tritt, im Traum, in der Meditation, oder wenn Du eine starke Resonanz zu diesem Baum verspürst, bist Du ein Mensch, der die ihm übertragenen großen Aufgaben sehr verantwortungsvoll erfüllt.
Als Künstler oder Wissenschaftler bist Du Vermittler geistiger Botschaften, die in neue Richtungen, Strömungen oder Entdeckungen weisen. Dem Leben zugewandt, arbeitest Du unermüdlich zum Wohle der Menschheit.
Dein negativer Aspekt könnte Dein Ehrgeiz sein, der Dich zu Höchstleistungen treibt. Du kannst von begonnenen Projekten nicht lassen, selbst dann nicht, wenn ihre Notwendigkeiten in Frage gestellt sind. Insgesamt fällt es Dir schwer loszulassen, was auch Deine Angst vor Tod und materiellem Verlust erklärt. Trotz Deines nüchternen Verstandes siehst Du nicht ein, daß der Tod das Prinzip der Wandlung und Erneuerung ist. Was Du siehst, ist der „Stachel" des Todes, die Angst in der Agonie und die Ungewißheit über die Dinge, die danach kommen.

Betrachtung

Suche eine gesunde Ulme und nimm von ihr einige Zweige und Blätter, außerdem ein wenig Rinde, und bereite daraus einen Tee.
Setze Dich an den Platz Deiner Ruhe, trinke mit kleinen Unterbrechungen den Tee und denke über

das Geheimnis des Todes und der Auferstehung nach.
Tod und Wiedergeburt sind Zyklen und immer Übergänge in einen nächst höheren Daseinszustand der Menschheit. Wäre es anders, gäbe es keine Evolution und damit keine Entwicklung der Person in der Verbindung mit allen Menschen. Es ist trügerisch zu glauben, unsere persönliche zyklische Entwicklung in Tod und Wiedergeburt hätte nichts mit der Entwicklung der Menschheit zu tun und es reichte, wenn jeder zu *seinem* Zeitpunkt an den Ort der Vollendung in Gott gelangte. Im Laufe vieler Zyklen sind wir Teilhaber am heutigen Gesamtzustand der Erde und der Menschheit geworden. Nichts kann uns von der persönlichen Verantwortung trennen, die wir einem jeden Baum gegenüber haben, der aus Profitgier abgeholzt wird. Niemand wird uns aus der Verantwortung entlassen, wenn wir uns eingestehen müssen, ein Leben in der Nachbarschaft des Hungertodes und der Entrechtung gelebt zu haben. Und jeder Aufschrei der geschundenen Kreatur wird uns in einen neuen Zyklus begleiten, wenn wir nicht in diesem Zyklus beginnen, die Tränen zu trocknen und die Wunden zu verbinden. „Denn was ihr einem der Geringsten angetan habt, das habt ihr mir angetan." Nach der Zeit der Zyklen wird die Menschheit auferstanden sein zu einem neuen Leben in der Kraft und Weisheit des Einen und Unnennbaren. Und wer in seiner persönlichen Evolution und Vollkommenheit so weit gekommen sein sollte, tausend Zyklen des Todes und der Wiedergeburt zu übergehen, wie könnte er dann in der Ruhe Gottes

noch Ruhe haben, wenn seine Brüder und Schwestern weiter ferne von ihm sind?
Mit der Ulme lernst Du loszulassen und erhältst die Kraft und Liebe zu neuen Geburten, bis das Licht der einen und ewigen Sonne alle Menschen erwärmt.

Die Ulme spricht:

Es war erst gestern, als ich die Worte vernahm, daß es keine größere Liebe gäbe als jene Liebe, die das Leben für einen Freund läßt. Nun steige in meine Krone und schau in die Ferne. Und wenn Du niemanden siehst, dann schau in die Himmel. Und wenn Du wiederum niemanden siehst, dann sorge Dich nicht, denn an einem Ort, den Du aus meiner Krone nicht zu erschauen vermagst, harren alle Deiner.

Der Walnussbaum

Der Walnußbaum ist ein ca. 25 Meter hoher Baum mit breiter und stark astiger Krone. In den Balkanländern, auf Kreta und bis an die Grenze Chinas wächst er noch wild. Die Frucht des Baumes, die Walnuß, ist wegen ihres hohen Gehaltes an Eiweiß, Kohlehydraten und Vitaminen eine der nahrhaftesten Trockenfrüchte. In der Volksmedizin wird das Öl, die Frucht und das Blatt als innerlich und äußerlich anzuwendende Medizin genannt Der Blättertee wirkt bei vielen Hautkrankheiten wie zum Beispiel Akne und Milchschorf.

Bei Haarausfall und Schuppen ist der Extrakt der Walnuß ähnlich wirksam und vorbeugend wie der Birkensaft.

In vielen Märchen und Legenden ist die Nuß Behälter geheimnisvoller Güter, weil sie innen weich und außen hart ist.

Der Volksmund spricht von „Harten Nüssen“ und „Tauben Nüssen“ und meint damit schwer zu lösende Aufgaben und Menschen ohne große Ambitionen.

Die christliche und jüdische Tradition kennt die Walnuß als vieldeutiges Symbol. Die Heilige Schrift wird mit ihr verglichen, wobei die Schalen die historischen Tatsachen symbolisieren und der Kern das fruchtbare Geheimnis der Mysterien. Wer sie ißt und verdaut und das Öl aufgenommen hat, der hat die Essenz der Aussagen aufgenommen, die zum Licht im Menschen wird.

Wenn der Walnußbaum in Dein Leben tritt, im Traum, in der Meditation, oder wenn Du eine starke Resonanz zu diesem Baum verspürst, dann bist Du ein Pionier, der nicht eher ruht, bis ein Problem gelöst ist, und solange arbeitet, bis der Kern der Sache erreicht ist. Du verstehst es hervorragend, Dich aus schwierigen Situationen zu befreien. Du löst Dich leicht von Schwierigkeiten und Bedrängnissen der Vergangenheit und richtest den Blick immer nach vorn. Allem Neuen stehst Du offen und unbefangen gegenüber, wobei Du Eingebungen und Hinweise anderer in Deine Planungen und Handlungen mit einbeziehst. Verstand und Intuition sind für Dich keine unversöhnlichen Gegensätze, sondern Partner im Bemühen, das Bestmögliche zu erreichen.
Dein negativer Aspekt spricht allerdings eine völlig andere Sprache. In wichtigen Lebensentscheidungen kannst Du wankelmütig und ohne klare Zielvorstellung sein. Du läßt Dich zu leicht beeinflussen, oder Du bleibst ganz im verstandesmäßigen Erfassen der Dinge haften. Du bist Dir nicht treu und gelangst damit nicht an Deinen inneren Kern.

BETRACHTUNG

Nimm Dir eine Walnuß, öffne sie und setze Dich an den Platz Deiner Ruhe und Sammlung und schaue sie Dir genau und konzentriert an. Schließe dann die Augen und habe ein klares inneres Bild von ihr. Sieht sie nicht aus wie die Struktur des menschlichen Gehirns? Öffne wieder die Augen und wiederhole Deine Beobachtung, bis Du die Nuß mit all ihren Rillen und Ausbuchtungen vor Deinem geistigen Auge gut halten und sehen kannst. Als Unterstützung taste sie sowohl mit offenen als auch mit geschlossenen Augen sorgfältig ab. Nun iß das Nußfleisch und konzentriere Dich ganz auf diese wohlschmeckende Frucht. Fühle, wie die Öle und Essenzen Dich durchdringen und durch Deine Zellen fließen. Wenn Du ein Problem mit Dir trägst, wirst Du es nun lösen beziehungsweise "knacken".

Für den westlichen Menschen ist das Denken ein Vermögen, also etwas überaus Wichtiges. Wer in diesem Sinne durch Intelligenz zu Wertschätzung gekommen ist, hat in den Augen vieler den Sinn des Lebens erfaßt und ist im Laufe des Evolutionsprozesses so weit gekommen, daß er sich nun „Krone der Schöpfung“ nennen darf. Geistig arbeiten heißt in aller Regel wissenschaftlich arbeiten. Die Philosophie und die Theologie thronten jahrhundertelang über allen anderen Fakultäten, und die Professoren waren in ihrem Land so berühmt wie heute Politiker oder Filmschauspieler. Aber die Liebhaber der Weisheit und die Lehrer von Gott richteten sich so ein, daß ihre von Kanzeln und Pulten gesprochenen Lehren

die Herzen des „gemeinen" Volkes nicht mehr erreichten. Das Leben nahm einen Weg, das Denken den anderen. Daran hat sich bis heute kaum etwas geändert, zumal die Anforderungen des beruflichen Alltags wenig Kraft lassen, diesen Zustand zu ändern.
Dennoch beginnen immer mehr Menschen „die Nuß zu knacken", um mit Hilfe spiritueller Übungen wieder zur ganzheitlichen Lebensweise zurückzufinden. Dabei schauen sie hilfesuchend in Richtung Osten, weil die Transzendenz des Westens in weite Ferne gerückt ist.
Tatsächlich hat der östliche Mensch, so unterschiedlich seine Lebensbedingungen zwischen Japan, China und Indien auch sein mögen, die Schulweisheit nicht vom Leben getrennt. Der spirituelle Mensch ist dort ein Übender, und für ihn hat nicht der Klügste höchste Autorität, sondern der Heilige, der durch Klugheit, Lebenserfahrung und Frömmigkeit weise geworden ist.
Aus diesem Grunde haben die Konzentrations-,Meditations- und Kontemplationshilfen östlicher Prägung eine authentische Grundlage und wirken lebendig.
Aber wer Zugang zu einem umfassenden spirituellen Leben finden möchte, der wird die Lehren und Lebensformen aller Kulturen betrachten und nicht einen Teil für einzigartig und unumstößlich halten und den anderen verwerfen.
Und wem die Wege zu lang oder zu weit sind, der wird in Büchern die Lehren und Anregungen der modernen oder alten Helfer entdecken. Sie sprechen dann von Energietoren, wie zum Beispiel die heilige Hildegard von Bingen. Da, wo sie den Weg

nach innen über Yogapfade weisen, lehren sie, die „Kammern der Seelenburg" zu erschließen, wie bei der heiligen Theresa von Avila.

Wer eine der subtilsten Darstellungen mystischer Erfahrungen kennenlernen möchte, der lese die „Lebendige Liebesflamme" des Johannes vom Kreuz. Trennende Grenzen werden überschritten, wenn es dort über die sich Gott hingebende Seele heißt:

„Und so ist das Wirken Gottes und der Seele eins. Wie nun Gott aus freiem Willen voll göttlicher Huld sich mitteilt, so ist auch ihr Wille um so frei- und großmütiger, je inniger er mit Gott vereint ist, und gibt in Gott - Gott, Gott selbst." (§ 17)

Oder wer vermag noch zu unterscheiden, was östlich oder westlich ist, wenn es bei Meister Ekkehart heißt:

„Wenn sich der Mensch abkehrt von sich selbst und von allen geschaffenen Dingen - so weit du das tust, so weit wirst du geeint und beseligt in dem Fünklein in der Seele, das weder Zeit noch Raum je berührte. Dieser Funke widersagt allen Kreaturen und will nichts als Gott, unverhüllt, wie er in sich selbst ist... es will in den einfaltigen Grund, in die stille Wüste, in die nie Unterschiedenheit hineinlugte, weder Vater noch Sohn noch Heiliger Geist. In dem Innersten, wo niemand daheim ist, dort erst genügt es dem Licht, und darin ist es innerlicher als in sich selbst. Denn dieser Grund ist eine einfaltige Stille, die in sich selbst unbeweglich ist; von dieser Unbeweglichkeit aber werden alle Dinge bewegt." (Predigt 34)

Und so könnten noch viele Heilige des Mittelalters, der Antike und der Moderne aufgeführt und zitiert werden, die als Christen oder Schamanen oder als Initiierte dem Menschen des Westens auf dem Weg zu seinem Höheren Selbst helfen könnten. Denn nur das Höhere Selbst eines jeden Menschen vermag in Kooperation mit dem Denken und der Intuition höhere Seinsebenen zu erschließen.

Der erste Schritt zu diesen höheren Seinsebenen kann mit Hilfe der Konzentration aufgenommen werden, wobei es keine Rolle spielt, woher Lehrer oder Lehrerinnen kommen.

Die Silbe „con“ bedeutet „zusammen“, und „centare“ bedeutet, im „Mittelpunkt“ vereinen. Konzentration ist also die Fähigkeit, das Bewußtsein auf einen Punkt eines Denkgegenstandes zu bringen. Statt Konzentration kann auch „Erhöhte Aufmerksamkeit“ gesagt werden, ein Begriff, der eher einer schamanistischen Tradition entstammt.

Über die volle Aufmerksamkeit, also einer höheren Wahrnehmung, entwickelt sich die Fähigkeit, Denkvorgänge zu präzisieren. Und im Wechselspiel zwischen Konzentrationsübung und präzisem Denken wird der vernünftige Zugang zu einer neuen Spiritualität geschaffen, die zwar von den verschiedenen Traditionen beeinflußt sein kann, sich aber originell und souverän darstellt.

In der Verbindung mit der Intuition und dem Verstand und dem Höherem Selbst öffnest Du das Tor zu den inneren Geheimnissen des Lebens. Wenn dieser erste Schritt getan ist, wird Dein Weg begleitet werden.

Der Walnußbaum spricht:

An einem Tag vor vielen tausend Jahren schlängelte sich eine Efeuranke um meinen Stamm. Als ich mich entschied, ihr Rankenspiel zu meiden, brach sie mein Herz.

Die Weide

Wenn wir von der Weide hören, denken wir zuerst an die sogenannte Trauerweide. Es gibt aber noch die Silberweide, die Korbweide, die Aschweide, die Purpurweide und die Bruchweide. Alle Weiden benötigen nährstoffreichen und tiefgründigen Boden, der lehmig, tonig, sandig oder sogar steinig sein kann. Ihr Wasserverbrauch ist enorm, und da, wo er versiegt, verliert die Weide ihre Überlebensgrundlage. Die Weide verwurzelt sich sehr tief und bereitet damit manch einem Hausbesitzer oder Gärtner Ärger. Denn ihre Wurzeln spüren metertief sitzende Wasserrohre auf, um sich eventuell an kleinen, undichten Stellen einzubohren. So vermögen sie die Rohre zu sprengen, wenn ihr Durst entsprechend groß ist. Weil sie sich so tief verwurzeln, bilden sie eine hervorragende natürliche Uferbefestigung vor allem bei Kanälen und kleineren Wasserläufen.
Weil ihr aus einem schier unerschöpflichen Reservoir neue Zweige nachwachsen, ist sie Symbol für nie versiegende Weisheit. In vielen Kulturen ist die Weide der Mondgöttin geweiht. Riefen die weidenbekränzten Schüler der Mysterienschulen bei Vollmond die Mondgöttin an, erhielten sie die Gabe des Sehens und den Schlüssel zur Weissa-

gung. Und weil in ihren Ästen sowohl gute Geister wie Hexen zu Hause waren, die die Magie des Baumes kannten und die Kraft seiner Essenz einsetzten, wies ihr der Volksglaube zu, Krankheiten stellvertretend aufzunehmen. Weidenzweige gelten als Schutz vor Unwetter, dunklen magischen Kräften, Blitz und Hagel. Christliche Märchen und Legenden erheben die Weide zum Schutzbaum schlechthin, weil sie einst mit ihren Zweigen der Heiligen Familie auf der Flucht vor den Häschern des Herodes Schutz bot.

Wenn die Weide in Dein Leben tritt, im Traum, in der Meditation, oder wenn du eine starke Resonanz zu diesem Baum fühlst, dann sei Dir Deiner tiefen Verwurzelung und der zarten Anmut, die Dich umhüllt, gewiß.
Deine Art zu denken ist klar, gerade und ohne Falsch, und zu gerne möchtest Du mit dieser Art zu denken und Wissenschaft zu betreiben das Geheimnis der Erde lüften. Aber letztlich fürchtest Du Dich, dem Geheimnisvollen, Undurchdringlichen und Unbegreiflichen nicht gewachsen zu sein. Da Du einen feinen Gerechtigkeitssinn besitzt, liebst Du alles Leben, Pflanzen, Tiere und Menschen. Zu jeder Ausdrucksform des Lebens verhälst Du Dich in Deiner ureigensten Weise. Du bist mit den Trauernden traurig, weinst mit denen, die weinen, und lachst in fröhlicher Runde. Die andere Seite Deines Wesens kennt allerdings auch die niederschmetternde Kraft einer Enttäuschung, die einen schier endlos zu Boden drükken will. Verbitterung und Rache wollen Deinem

Liebreiz ein marmornes Gewand umwerfen. Aber hüte Dich davor, der Rache selbst in Gedanken Raum zu geben, denn was Du dort ausstreust, kommt unerbittlich auf Dich zurück. Die Rache wandelt Deine berechtigte Forderung nach Wiedergutmachung in einen Schaden um, der dich mehr trifft als den anderen.

Betrachtung

Schneide Dir zu irgendeiner Jahreszeit Weidenzweige ab und stelle sie in eine Vase. Warte, bis sich die Wurzeln und in der Winterzeit die Blätter bilden und sprießen. Sodann suche Dir einen geeigneten Platz der Ruhe in Deinem Haus oder besser im Freien und lege die Zweige wie einen Schutzkreis um Dich.
Finde tiefe Ruhe, indem Du gleichmäßig und langsam ein- und ausatmest. Nun stelle Dir vor, wie aus Deiner Basis oder aus Deinen Füßen Wurzeln wachsen. Bemühe Dich, dieses Bild mental so real wie möglich zu gestalten. Gehe in Deiner Vorstellung an den Wurzeln entlang bis zu ihren Enden. Dort wirst Du eine Höhle sehen. Nimm all Deinen Groll, Deinen Haß und Deine Enttäuschung, Deine Melancholie und Deine Bitternis, die vielleicht schon seit Deiner Kindheit als Muster in Deinen Zellen sitzen, und lasse sie herausfließen über die Wurzeln in die Höhle der Mutter Erde. Stelle Dir vor, wie die Erdenmutter

all Deine Tränen und Deinen Kummer auffängt und verwandelt.
Innerhalb der menschlichen Zellen befinden sich lichtchiffrierte Fasern, so ähnlich wie Energiefäden, die Informationen in sich tragen. Wenn diese Fasern zusammenarbeiten und sich verdichten, bilden sie die DNS-Spirale. Traurigkeit, Angst, Groll und Verbitterung ziehen einen Film über die Fasern in den Zellen, und die wahre Berufung und Botschaft eines Menschen wird verschleiert. Wie auch jeweils die originäre Berufung und Botschaft lauten mag, in jeder Zelle ist die Grundinformation gespeichert, daß wir Kinder des Lichtes und zur Göttlichkeit berufen sind. Je mehr Licht ungebrochen von den Zellen unseres Körpers abgegeben werden kann, desto mehr und schneller entwickeln wir uns zur Multidimensionalität unserer Berufung.
Die Mutter Erde wird in Verbindung mit der Essenz der Weide Dir Hilfe bieten bei der Umwandlung Deiner Zellen. Wiederhole diese Übung an neun Tagen, und Du wirst Dich der frohmachenden Kraft der Umwandlung nicht entziehen können. Nach den Übungen iß ein Weidenblatt oder bereite Dir einen Salat. Danke der Weide und der Mutter Erde für die Mithilfe am Plane Gottes für Dich.

Die Weide spricht:

Über Jahre schenktest Du mir das Staunen Deiner Kinderaugen. So wie Du mich als die Schönste befandest, so habe ich Dein Sehnen gehütet. Stürbest Du in hundert Jahren, trüge ich Dich, mein ewiges Kind, zu Grabe.

LIBELLE

„Wie wunderschön in diesem Jahr der Kirschbaum blüht“, denke ich und bereite mir einen Sitz unter diesem Baum.
Ich genieße das Summen der fleißigen Bienen, die von Blüte zu Blüte eilen, um den Nektar zu sammeln. Ich atme tief den leichten Blütenduft ein und spüre, wie neue Kräfte in mir einziehen. „Hier kann sich einfach keine Traurigkeit halten“, sage ich leise und schließe entspannt meine Augen. So wie dieser Baum mit seiner liebreizenden Blütenpracht dem Wandel der Jahreszeiten unterliegt, so muß sich der Mensch auch diesem unvermeidlichen Gesetz des Wandels stellen. Niemand kann ihm entrinnen. Nichts bleibt bestehen. Materie vergeht, und sie kehrt zurück. Sie wird durch den Geist belebt und aufgebaut, und wenn die Zeit gekommen ist, zieht sich der Geist zurück, und alles zerfällt zu Asche. Selbst die Erde verändert ständig ihr Gesicht. Was heute Wüste ist, wird morgen ein Meer sein. Das einzige was sich nicht wandelt, ist der Wandel.
Während ich so meinen Gedanken nachgehe, werden meine Glieder schwerer und schwerer.......
.......Etwas entfernt von mir sitzt Der-den-Frieden-lebt ebenfalls im Schatten des Kirschbaumes.

„Ich habe dich gar nicht gesehen", sage ich verwundert. „Du siehst noch so vieles nicht", lacht Der-den-Frieden-lebt freundlich. Er erhebt sich und gibt mir durch ein Zeichen zu verstehen, daß ich ihm folgen soll. Gemeinsam gehen wir dann schweigend eine kleine Strecke und gelangen auf eine Wiese mit vielen Obstbäumen. Alle stehen in bezaubernder Blüte, und ich habe das Empfinden, als gäbe jeder Baum etwas von seiner Freude an uns ab.

„Nirgendwo gibt es Dauer, außer in dir selbst", sagt Der-den-Frieden-lebt, „und wenn du das Gesetz des Wandels ganz begriffen hast, wird die Sehnsucht in dir größer und größer, das Ewige und Unwandelbare in dir zu finden. Du beginnst mit der Suche und ruhst nicht eher, bis du es gefunden hast."

„Wenn ich es gefunden habe, was ist dann?" frage ich.

„Dann bist du endlich so weit, daß du dich selbst erkennst. Dann hast du einen Höhepunkt deiner geistigen Reife erlangt. Gleichzeitig stehst du vor dem Beginn eines neuen und höheren Lebensabschnittes, dem Zyklus wahren Menschseins."

Während wir reden, sehe ich eine Libelle. In ihren schillernden und tranparenten Flügeln spiegelt sich die Sonne und der blaue Himmel. Von ihrer Schönheit angezogen, beobachte ich ihren Flug bis in die Blätter -und Blütenfülle eines Kirschbaumes.

„Sie, wohin ich fliege!" ruft die Libelle mit feinster Stimme.

Verwundert schaue ich zu Der-den-Frieden-lebt und frage ihn, ob ich einer Sinnestäuschung erlegen sei.
„Wir wollen ihr folgen“, sagt er. „Wenn die Mauer zwischen deinem vergänglichen Ego und dem unendlichen höheren Sein zusammenbricht, erhältst du die Gabe der inneren Gewißheit. Dann siehst, hörst, schmeckst und fühlst du mehr als vorher.“
In der Zwischenzeit sitzt die Libelle auf einem Blütenblatt. Vorsichtig nähere ich mich mit meinem Gesicht ihrem zarten Körper.
„Höre“, wispert sie, „mit meiner Kraft vermag ich die Erdelfen zu rufen. Sie leben so zahlreich hier unter den blühenden Bäumen. Hast du sie noch nicht entdeckt?“
Stünde nicht Der-den-Frieden-lebt neben mir, wüßte ich wahrlich nicht, wie ich dieses Erleben nun auffassen soll. So aber bemühe ich mich, meine Stimmlage der ihren anzugleichen und flüstere:
„Nein, ich habe sie noch nicht gesehen.“
„Oh, verzeih“, haucht sie, „für einen Moment habe ich vergessen, daß ihr kurzsichtig seid.“
Die selbstverständliche Ansprache der Libelle verwirrt mich nun doch etwas, zumal ich meine, gerade einen mitleidigen Unterton gehört zu haben.
Jetzt aber erhebt sie sich, fliegt hoch und nieder, berührt sanft und emsig die Kirschblüten. Und jedesmal, wenn sie eine Blüte berührt und dabei einen hellen, surrenden Ton von sich gibt, bilden sich dort kleine Nebelbällchen, die sich pulsierend ausdehnen und wieder zusammenziehen.

Jetzt sehe ich Hunderte winziger Elfen, die um die Blüten und Zweige zu tanzen scheinen. Voller Anmut und schneeflockengleich hüpfen und wispern sie in der Luft. Jedes dieser bezaubernden Wesen strahlt ein mildes und klares Licht aus, und ich fühle mich nun ganz in ihre unbeschwerte, kindliche Art einbezogen, so daß ich um mich herum alles vergesse und einstimmen will in ihren Gesang und ihren Tanz.

„Diese Wesen, die du hier siehst, haben einen weit stärkeren Einfluß auf das menschliche Nervensystem als jede Medizin. Wäre der Mensch im Besitze dieses Wissens und könnte sich gleichzeitig der Freundschaft dieser glücklichen Elfen erfreuen, wäre sein Leben harmonischer und ausgeglichener. Viele Erkrankungen könnten dann auf natürliche Weise geheilt werden. In der Zeit der Blüte erahnt selbst der Unwissende etwas von diesem Geheimnis der Natur“, sagt Der-den-Frieden-lebt zu mir.

„Was ist denn die Aufgabe dieser kleinen Wesen?“ frage ich ihn erstaunt.

„Die Aufgabe der Naturgeister ist mannigfaltig. Die Elfen nähren mit ihrem lieblichen Gesang die ätherische Hülle der Erde. Und mit ihren Schwingungen nehmen sie Einfluß auf das Wachstum der gesamten Pflanzenwelt. Sie vermögen die Lebensenergie, jenes unsichtbare Licht, so kunstvoll zu bündeln, daß große Heilströme von ihnen ausgehen können.“

„Aber warum wirken sie nicht entschiedener in die Menschheit hinein?“ frage ich.

„Durch den Einsatz gefährlicher chemischer Stoffe, die zuallererst tödliches Gift für diese kleinen

Wesen sind, wird zwangsläufig das Gleichgewicht der Natur gestört. Und die Helfer im Naturreich suchen andere Ebenen auf. Der Mensch erfährt diese Flucht als Leere, er ist anfälliger für Krankheiten. Und weil er ohne die Hilfe der Naturwesen nicht in der Lage ist, den angerichteten Schaden zu beheben, verliert er späterhin auch noch die Heilkraft der Erde. Er verliert dann nicht nur seinen inneren Reichtum, sondern auch noch den materiellen Reichtum, was ja für die meisten Menschen sonderbarerweise wesentlich schwerwiegender ist."

Während Der-den-Frieden-lebt so zu mir spricht, werde ich traurig. Aber liebevoll legt er seinen Arm um meine Schulter und sagt:

„Glaube an die Liebe. Diene weiterhin der Güte, selbst wenn dich der Schmerz um die Menschen ganz verzehren will. Die Liebe wird dir Flügel geben, ähnlich wie die der Libelle, und du wirst in das Licht reinen Bewußtseins fliegen.......

.......Ich sitze unter dem Kirschbaum, und eine Libelle sitzt auf meinem Knie. Zum ersten Mal sehe ich dieses Tier in seiner ganzen Schönheit und Anmut.

Die Zeder

Die Zeder gehört zur Familie der Kieferngewächse und ist ein edler, hochgewachsener Baum von majestätischer Schönheit. Als Atlaszeder, Libanonzeder und Himalajazeder ist sie in der Welt bekannt.
In den alten Hochkulturen wurde dieser immergrüne Baum mit seiner unregelmäßig ausgebreiteten Krone sehr geschätzt und als heilig verehrt. Aus seinem Holz wurde Zedernbalsam hergestellt, um Schriftrollen und Tote einzubalsamieren. Schiffe und Tempel wurden aus diesem kostbaren Holz gefertigt, weil das ätherische Öl des Holzes Schädlinge, besonders den Holzwurm, vertreibt.
Die Indianer Nordamerikas trocknen die Nadeln und Rindenstücke und benützen sie bei kultischen Handlungen.
Der Duft des Holzes und der Nadeln kräftigt die Bronchien und die Luftwege.

Wenn die Zeder in Dein Leben tritt, im Traum, in der Meditation, oder wenn Du eine starke Resonanz zu diesem Baum fühlst, so bist Du eine Per-

sönlichkeit, die sich in jeder Lebenslage zurechtfindet.
Du erfreust Dich guter Gesundheit, und Deine Fähigkeit, Dich vor negativen Schwingungen zu schützen, ist genauso ausgeprägt wie die, Dein aurisches Feld klar und rein zu halten. Mit feinem Gespür meidest Du Veranstaltungen, die Dir in dieser Hinsicht schaden könnten. Optimistisch und mit beiden Beinen auf der Erde stehend erreichst Du Deine Ziele fast immer.
Die andere Seite in Dir läßt Dich dünkelhaft und hochmütig sein.

Betrachtung

Sammele Zedernnadeln und trockne sie. Besorge Dir eine geeignete Schale, in die Du glühende Kohle hineinlegen kannst. Dann streue die Zedernnadeln auf die Kohle und reinige mit dem entstehenden Rauch Dein aurisches Feld.
Jeder Gedanke, den Du bewußt und intensiv erzeugst, schafft in Deiner Mental- und Geistessphäre eine Einprägung. Und je nach Intensität dieser positiven oder negativen Gedankeneinprägungen treten diese in Formungen, Farben und Tönen in Dein aurisches Feld.
Diese Formungen, Töne und Farben werden von Engeln, aber auch von anderen Kräften und Energien wahrgenommen, wodurch sie die Möglich-

keit haben, auf unsere Gedanken und unser Leben zu reagieren.
Im Unterschied zu diesen Gedankenprägungen gibt es im feinstofflichen Feld eines Menschen larvenhafte Substanzen, die bewußt oder unbewußt durch starke psychische Erregungen gleich welcher Art geschaffen werden. Diese Parasiten sitzen im Mentalkörper und nähren sich von den feinstofflichen Schwingungen biochemischer Prozesse, die in den verschiedensten Erregungszuständen des Menschen wirksam werden. Je stärker der Erregungszustand eines Menschen ist, um so sicherer ist die Überlebensfähigkeit dieser Parasiten. Je mehr Larvengebilde sich im Mentalkörper eines Menschen festsetzen, desto schwächer und anfälliger ist der Mensch in seiner psychischen Konstitution.
Wenn sich eine psychische Erregung regelmäßig wiederholt, verliert der Mensch zuviel Mentalstoff, was wiederum zu einer nervlichen Überreizung und damit zu einer allgemeinen Lebensschwäche führt.
Um diese verzehrenden Kräfte zu binden oder zu eliminieren, bedarf es einer Psychotherapie oder einer anderen Form der seelisch-geistigen Stabilisierung. Es ist also von großer Bedeutung, traumatischen Erlebnissen und Sorgen auf die Spur zu kommen, damit Angst und Haß, die größten Nährer dieser Larven, beseitigt werden
Mit Hilfe des Zedernrauches wird der Mentalkörper stabilisiert, und letzte Larvenrückstände werden aufgelöst.

Wenn Du das Gefühl hast, Dich reinigen zu müssen, dann verwende unbedingt die große Kraft der Zeder.

Die Zeder spricht:

Zu einer Zeit tragen die Sieger die Beute davon. Zu einer anderen wird danach gefragt werden, warum und was Du besitzt.
Ich werde Dir Melodien süßester Gewißheit zuraunen, wenn Du meinst, die Sehnsucht nach der Mutter Erde, die Sehnsucht nach dem Land wäre zu wenig.

Die Zypresse

Die Heimat der Zypresse ist der Orient; im Abendland sind eher ihre nahen Verwandten Lebensbaum und Wacholder anzutreffen. Dieser immergrüne Baum kann sehr alt werden, wodurch er symbolisch Unsterblichkeit repräsentiert. In der Antike galt er als Baum des Todes, was die Menschen des Mittelalters dazu bewog, ihn auf Friedhöfen anzupflanzen. Wurde die Zypresse in Gärten gestellt, sollte Tod und Zauber abgewehrt werden. Ihre Energie wird mit der Energie des Saturn verglichen, die Einschränkungen, Trennungen, aber auch Strenge und Würde vermittelt. Wer je den intensiven Duft der Zypressenwälder einatmete, wird diese Aspekte ihres Charakters leicht bestätigen können. Um Atemwegserkrankungen und Tuberkulose zu heilen, empfahlen die Mediziner des antiken Griechenlands Kuren in Zypressenwäldern.

Wenn die Zypresse in Dein Leben tritt, im Traum, in der Meditation, oder wenn Du eine starke Resonanz zu diesem Baum fühlst, so wisse, daß die erste Lernaufgabe Deines spirituellen Lebens darin besteht, den Augenblick zu leben.

Noch lebst Du im Gestern und im Morgen und läßt Dich viel zu häufig vom Schein blenden. Doch hinter den Hüllen der sichtbaren Welt verbirgt sich der Funke Gottes. Er wird immer da sein, selbst dann, wenn es der Zeit und dem Raum nicht mehr gegeben sein wird, das Geschaffene sichtbar zu halten. Die Zypresse kann Dir helfen, die Schönheit Deines wahren Wesens zu entfalten und Dein „Blendwerk" Stück für Stück aufzulösen. Schön an Dir ist die zypressengleiche Frische Deines Naturells und Deine Treue. Wenn sich Dein stürmisches Temperament einmal zu sehr aufbäumt, gibt es gleich zwei Unarten preis: Mißtrauen und Unfairneß. Aber Dein biegsamer Charakter läßt es bald wieder zu, daß Dein Wohlwollen überwiegt; Dein Charme glättet zügig alle aufgekommenen Wogen.

Betrachtung

Bitte zuerst die Zypresse, Dir Zweige zu schenken.
Danach schneide einige Zweige ab und bereite Dir daraus eine Sitzunterlage. Lege ein dünnes Baumwolltuch darüber, setze Dich und entspanne nun 20 Minuten. Alsbald wirst Du spüren, wie ausgleichend die Zypressenenergie einwirkt. Gehe nun still folgenden Gedanken nach: Hinter den Worten befindet sich der Gedanke; hinter dem Gedanken steht der Geist; hinter dem Geist be-

findet sich das hohe Selbst; Dein hohes Selbst ist mit allem Bewußtsein verbunden; hinter allem Bewußtsein ist Gott.
Laß nun das hohe Bewußtsein, das stets der unermeßlichen Fülle der göttlichen Liebe zugewandt ist, durch Dich strömen. Schenke es Deinem Geist, Deinen Gedanken und Deinen Wörtern, beständig aus der vermittelnden Kraft des hohen Selbst zu schöpfen. Der von Dir gelebte Augenblick wird sich so als eine Lebenskraft erweisen, die Frische und Heiterkeit verströmt. Eine der bezauberndsten und zugleich rarsten Zugeneigtheiten Gottes wird Dich dann wie ein farbenfrohes Kleid umhüllen: Der Humor.

Die Zypresse spricht:

Wer lange Nächte durch meine Haine geht, verbrüderte sich mit schweren Träumen und traurigen Gesängen. Und was da heilsam weht, entstammt nicht so sehr meinen Düften, als der Hoffnung in der Not. Schlügest Du jedoch den Stürmen Tänze ab, gäbe ich Dir für dieses Leben die Kraft des weißen Schleiers.

Rauch

Der Tag ist warm und der Himmel bedeckt. Würziger Rauch erfüllt die Luft, während ich hier am Fluß ein kleines Feuer schüre. Der-den-Frieden-lebt hat mir aufgetragen, es mit Reisig zu entzünden, und gezeigt, wie ich es anlegen und erhalten soll. Die Feuerstelle habe rund zu sein und mit weißen, glatten Steinen umsäumt. In die Mitte möge ich einen mittelgroßen Stein legen, der wie ein kleiner Altar in einem Schutzkreis liegt. Um diesen Stein habe ich, seiner Anordnung folgend, trockene Hölzer aufgeschichtet. Das Feuer sei richtig, wenn die Glut den mittleren Stein erhitzt habe.

So sitze ich hier an der kleinen Feuerstelle und lasse meinen Atem ruhig und gleichmäßig fließen.

„Alles fließt. Die gesamte Menschheit ist in einem Fluß des Lebens“, denke ich, „und mein Fluß des Lebens entspricht meiner Atmung, die mich unmittelbar mit der Lebensenergie verbindet. Aber erst das Atmen der Seele läßt uns in den Wesenskern der Menschheit dringen, und die Menschheit wiederum atmet im Kosmos.“

Während ich diesen Gedanken nachgehe und in die Glut des Feuers schaue, nehme ich in mir einen hellen und klaren Ton wahr. Fast gleichzeitig sehe ich, wie sich die Gegenstände um mich ausdehnen und immer größer und größer werden. Dabei lösen sie sich von ihrer festen Form und werden zu einem Geflecht geometrisch angeordneter Linien. Millionen Schnittpunkte vermischen sich mit vielen Farben zu einem Verwirrspiel, durch das ich Der-den-Frieden-lebt auf mich zukommen sehe.

Er begrüßt mich mit einem freundlichen Kopfnicken, hockt sich nieder und schaut anerkennend auf die Feuerstelle. Nun holt er eine Art Medizinbeutel hervor, dem er getrocknete Baumkrumen entnimmt. Dann legt er einige Priesen auf den heißen Stein und bittet mich, still und gleichmäßig zu atmen.

„Wir müssen oft auf verborgenen und verschlungenen Pfaden gehen, um die ursprüngliche Schönheit der Erscheinungen zu ergründen. Wenn dich die Wege deines Herzens zur Kraft deines Geistes gewiesen haben, dann wird er dich lehren, Gesetz und Wesenheit aller Erscheinungen zu schauen und zu achten. Er wird dich soweit leiten, daß du nicht anders kannst, als dich mit der Mutter Erde und allem Leben zu versöhnen. Danach wird es dir nicht schwerfallen, die geheimen Träume der Bäume zu erforschen und so den goldenen Schlüssel zu finden, der dir das Herz der Natur öffnet. Deshalb mache dir die Bäume zu deinen Vertrauten und lasse dich mit ihren sieben Zeichen beschenken.

Behalte schon jetzt folgendes Wissen:

Das Harz des Baumes entspricht dem Geheimnis der Sonne.

Die Blätter entsprechen dem silbernen Mond in seiner Wechselhaftigkeit. Die Hölzer entsprechen der Impulsivität des Mars. Die Rinde entspricht dem Vermittelnden des Merkur, die Früchte dem Glücksplaneten Jupiter, die Blüten der Hingabe der Venus und die Wurzeln entsprechen der Verdichtung des Saturn.
Wenn du mit dem Baum träumen und seine Botschaft empfangen möchtest, dann nimm die sieben Gaben eines Baumes, trockne sie liebevoll über die Jahreszeiten und lege sie ehrfurchtsvoll auf einen glühenden Stein inmitten einer Feuerstelle. Die Dämpfe geben dann ihre geheimen Botschaften preis."
Nun nehme ich noch bewußter den Rauch unserer Feuerstelle auf. Der-den-Frieden-lebt spricht weiter:
„Sei immer in einem ausgeglichenen seelischen Zustand, wenn du dich dem Geheimnis des Baumes näherst. Angst, Sorgen, Begierden und Haß halten dich an die Materie gebunden und führen zu einer negativen Konzentration. Erlerne die Kunst des Gleichgewichts und der inneren Ruhe, dann wirst du frei von allen Bindungen sein und fähig zum Gespräch mit der Natur."
„Bei dir klingt immer alles so einfach", bemerke ich, „wenn ich übe, umhüllt mich oft die Nacht des Nichtverstehens."
„Fürchte dich nicht vor der „Dunklen Nacht", denn von ihr aus wird die spirituelle Sonne aufgehen, in der das Wunder der Freude erwacht. Darum harre aus. Übe, stärke deinen Willen und sei diszipliniert, sonst wirst du weder die Freude noch

die Nacht erfassen und im Zwitterzustand des Seins gefangen bleiben.“
Ich schließe meine Augen, und der Duft der getrockneten Pflanzenteile hat mein Herz und meinen Geist erreicht. Ich weiß, daß mich hier Kraft und Wille einer Erle berühren. Während ich der Botschaft dieses Baumes lausche und mich mit seinem Geist und seinem Geheimnis verbinde, verlischt die Glut in der Feuerstelle.
Noch lange verharre ich an diesem Platz, und als ich meine Augen öffne, ist Der-den-Frieden-lebt nicht mehr da. Doch in meinem Herzen bin ich erfüllt von der Botschaft des Baumes.

Grundrezept zur Herstellung von Essenzen:

Junge Blätter eines gesunden Baumes suchen (1 Handvoll). Die Blätter mit Wasser reinigen und in eine Kristallschale legen. Bergkristallsteine auf die Blätter geben. Alles in die Vormittagssonne stellen und die Schale mit gutem Mineralwasser ohne Kohlensäure bis an den Rand vollfüllen. Die Schale mit Inhalt 1 Stunde in der Sonne stehen lassen. Dann die Schale in einen Raum stellen und noch einmal 2 - 3 Stunden stehen lassen. Alles durch einen Kaffeefilter (natur) gießen und die gewonnene Essenz mit 38 % Alkohol (Korn) 1 : 1 mischen.

Allergien

Buchensalat:

Bereite Dir einen Salat aus jungen Buchenblättern und Brunnenkresse. Verfeinere mit Creme fresh, Salz, Pfeffer und einigen Tropfen Zitrone.

Buchenessenz (äußerlich anzuwenden):

Suche Dir schöne junge Blätter einer gesunden Rotbuche (eine Hand voll). Reinige die Blätter mit Wasser. Lege die Blätter in eine Kristallschale. Lege Aquamarinsteine

(Handschmeichler) und Bergkristallsteine auf die Blätter. Stelle alles in die Vormittagssonne und fülle die Kristallschale mit gutem Mineralwasser ohne Kohlensäure bis an den Rand voll. Laß die Schale mit Inhalt 1 Stunde in der Sonne stehen. Dann stelle die Schale in einen Raum und laß sie mit Inhalt noch einmal 2 - 3 Stunden stehen. Gieße alles durch einen Kaffeefilter (natur) und mische die gewonnene Essenz mit 38% Alkohol (Korn) 1:1. Kaufe Dir einen Sprühflacon und sprühe in Dein aurisches Feld 2 - 3 mal täglich die Essenz. Sehr gute Unterstützung bei allen Allergien.

Eberesche (innerlich antzwenden):

20 Gramm Rinde mit 1 Liter siedendem Wasser aufbrühen. 10 Minuten ziehen lassen. Abseihen. 1 Tasse täglich vor dem Schlafengehen.

Anämie

Walnußbaumaufguß:

20 Gramm Blätter auf 1 Liter siedendes Wasser. 15 Minuten ziehen lassen. Schluckweise trinken. 1 Tasse vor den Mahlzeiten.

Angst

Winterlinde:

20 Gramm Blüten auf 1 Liter siedendes Wasser. 10 Minuten ziehen lassen. Abseihen und sofort trinken.

Auraschutz

Essenz herstellen aus Blättern und Zweigen des Ginkgo. Außerdem Chrysoprass, Bergkristall, schw. Turmalin. 3 mal täglich oder bei Bedarf in das Aurafeld sprühen.

Arthritis - Entzündung der Gelenke

Süßkirsche:

60 Gramm Stiele auf 1 Liter Wasser. 10 Minuten kochen lassen. Abseihen. Während 3 Wochen häufiger trinken.

Asthma

Waldkiefer:

30 Gramm Knospen auf 1 Liter siedendes Wasser. Täglich 3 Tassen.

Atem - Schlechter Zustand der Zähne, unangenehmer Mundgeruch (durch Erkrankung der Verdauungs- oder Atemorgane)

Wachholderaufguß:

30 Gramm Beeren auf 1 Liter siedendes Wasser. 10 Minuten ziehen lassen. 1 Tasse nach den Mahlzeiten.

Augen - Bindehautentzündung

Walnußabsud (äußerlich anzuwenden):

30 Gramm frische Blätter auf 1 Liter Wasser. 5 Minuten kochen lassen. Kompressen auf die Augen legen.

Augen - Entzündete Augenlider

Winterlinde (äußerlich anzuwenden):

50 Gramm getrocknete Blüten auf 1 Liter Wasser. 10 Minuten kochen lassen. Diesen Absud filtern und die Augenlider damit waschen.

Augenentzündung - Gerstenkorn, grauer Star

Ahorn (äußerlich anzuwenden):

1 Handvoll geschälte Zweige 1/2 Stunde auf 2 Liter Wasser kochen lassen. Abseihen. Augen mit Ahornabsud betupfen.

Bad - Antirachitisch

Absud von Eichenrinde herstellen und dem Badewasser hinzufügen.

Bad - Beruhigend

Aufguß von Lindenblüten und Walnußblättern:

1 gute Handvoll Bätter und Blüten mit 2 Liter siedendem Wasser aufbrühen. Abseihen und dem Badewasser hinzufügen.

Bad - Bronchitis

Weißtannenknospen ,eventuell Eukalyptusblätter:

1 Handvoll Knospen mit 2 Liter siedendem Wasser aufbrühen und dem Badewasser gefiltert hinzufügen.

Bad - Haut

Wallnußbaumblätter:

Einen Absud von den Blättern herstellen und dem Badewasser hinzufügen.

Bad - Kreislaufanregend

Roßkastanie - Rinde:

Aus der Rinde der Roßkastanie einen Absud fertigen und dem Badewasser hinzufügen.

Blasenentzündung

Sauerkirschstiele:

8 Gramm auf 1 Liter siedendes Wasser. 10 Minuten ziehen lassen. Täglich 1/2 Liter trinken.

oder

Waldkiefer, Tannenaufguß:

30 Gramm Schößlinge auf 1 Liter siedendes Wasser. Täglich 3 Tassen zwischen den Mahlzeiten.

oder

Wachholderwein:

2 Handvoll Wachholderbeeren auf 1 Liter Weißwein. 8 Tage ziehen lassen. Filtrieren und täglich 3 Likörgläser trinken.

Blutstillen

Eichen:

Aus Eichenblättern einen Verband herstellen.

Bronchitis

Tannenaufguß:

80 Gramm Knospen auf 1 Liter siedendes Wasser. Filtrieren und mit Honig süßen. Tagsüber 2 Tassen trinken.

oder

Schwarzpappelaufguß:

50 Gramm Knospen auf 1 Liter siedendes Wasser. 10 Minuten ziehen lassen. 3 Tassen täglich 10 Tage lang trinken.

Cellulitis

Eschenblätter:

Aufguß der Blätter (eventuell Blätter des schwarzen Johannisbeerstrauches). Je 10 Gramm auf 1 Liter Wasser. 15 Minuten ziehen lassen. Durchseihen. Täglich 2 Tassen.

Cholesterin (senken)

Birke, Esche:

Täglich 1 Liter von 10 Gramm. Birkenrinde und 10 Gramm trockene Blätter der Esche auf 1 Liter Wasser. 5 Minuten kochen und 5 Minuten ziehen lassen. 1 Glas auf nüchternen Magen trinken.

Darm - Würmer

Walnuß:

Täglich 3 Tassen Walnußbaumabsud.

20 Gramm Nußschalen auf 1 Liter 10 Minuten kochen lassen. Abseihen.

Desinfektion - Vermeiden von Bakterien in einem Wohnraum

Wachholder, Zeder:

Im offenen Kamin oder Kohlebecken. Über die Kohlenglut Wachholderbeeren oder Zedernreisig streuen. Nach Rauchentwicklung gut lüften.

Durchfall

Äpfel:

Frisch geriebene Äpfel während einiger Tage essen.

Fettleibigkeit

Pflanzen können Fettleibigkeit von verschiedenen Seiten her bekämpfen.

Zur Blutreinigung:

Birke:

30 Gramm Blätter auf 1 Liter siedendes Wasser. 10 Minuten ziehen lassen. Täglich 3 Tassen.

Roßkastanien:

40 Gramm Rinde auf 1 Liter Wasser. 5 Minuten kochen lassen. 5 Minuten ziehen lassen. 2 Tassen täglich während einer Kur.

Zur Vermeidung des Hungergefühls:

Vor den Mahlzeiten einen Apfel essen.

Fieber

Birke (innerlich anzuwenden):

10 Gramm Rinde auf 1 Liter Wasser. Abseihen. 1 Tasse nach den Mahlzeiten.

Rotbuche:

50 Gramm getrocknete zerkleinerte Rinde auf 1 Liter Wasser. 15 Minuten auf kleiner Flamme kochen lassen. Abseihen. Alle 2 Stunden 2 Tassen.

Frostbeulen

Eiche (äußerlich anzuwenden):

50 Gramm getrocknete und pulverrisierte Rinde auf 1 Liter Wasser. 10 Minuten kochen. 30 Minuten ruhen lassen. Die befallenen Körperteile 1 mal täglich in der warmen Flüssigkeit baden.

Frühjahrskur

Frühjahrskuren dienen der Entschlackung des Organismus.

Apfel:

Getrocknete Schalen von nicht chemisch behandelten Äpfeln. 100 Gramm auf 1 Liter siedendes Wasser. 15 Minuten ziehen lassen. Täglich 1 Liter trinken.

Gicht

Kiefer (äußerlich anzuwenden):

250 Gramm frische Sprößlinge auf 1 Bad

Gicht - Schweißtreibend (innerlich anzuwenden)

Süßkirsche:

40 Gramm Blütenstiele auf 1 Liter Wasser. 10 Minuten kochen lassen. 1 kleines Glas morgens mehrere Tage auf nüchternen Magen.

oder

Linde:

20 Gramm Blüten auf 1 Liter siedendes Wasser. 10 Minuten kochen lassen. 1 Glas morgens auf nüchternen Magen.

Grippe

Weide:

40 Gramm Blätter auf 1 Liter siedendes Wasser. 10 Minuten ziehen lassen. Täglich 3 Tassen.

Haar - Glänzend und geschmeidig

Birke (äußerlich anzuwenden):

Spülung mit Blätterabsud der Birke. 50 Gramm auf 1 Liter siedendes Wasser.

Haar - Schuppen

Eiche und Pappel:

Je 30 Gramm Rinde auf 1 Liter Wasser. Ohne abzudecken leicht kochen lassen. Abseihen. Kopfhaut und Haare damit übergießen.

Halsentzündung

Eiche (äußerlich anzuwenden):

4 Eßlöffel zerkleinerte Rinde und Früchte mit 1 Liter siedendem Wasser aufgießen. 15 Minuten durchseihen und als Gurgelwasser verwenden.

Hämorrhoiden

Walnußbaum - Kompressen:

40 Gramm Blätter auf 1 Liter Wasser. 15 Minuten ziehen lassen.

Eiche - Sitzbäder:

80 Gramm Eichenrinde auf 1 Liter Wasser. 10 Minuten kochen lassen. Abseihen. In die Sitzwanne füllen. 1 mal täglich 10 - 15 Minuten baden.

Hautflecke

Ulme (äußerlich anzuwenden):

60 Gramm getrocknete Rinde 1 Stunde lang in 1 Liter kalten Wasser einweichen. Vorsichtig erhitzen. 5 Minuten kochen und 15 Minuten ziehen lassen. Die befallene Hautstelle mit dem Absud häufig betupfen.

oder

Pappel (innerlich anzuwenden):

50 Gramm Schößlinge auf 1 Liter siedendes Wasser. 15 Minuten ziehen lassen. Abseihen. 1 Woche lang täglich 3 Tassen.

Hautjucken

Kiefer (äußerlich anzuwenden):

40 Gramm zerriebene frische Sprößlinge auf 1 Liter Wasser. 30 Minuten kochen lassen. Die Hautpartien mit dem Absud betupfen oder ins Badewasser geben.

Herz

Apfel (innerlich anzuwenden):

Viel unbehandelte Äpfel mit Schale essen.

oder

Linde:

20 Gramm getrocknete Blüte auf 1 Liter siedendes Wasser. 10 Minuten ziehen lassen. Abseihen. 1 Tasse am Tag trinken.

Hexenschuß

Linde (innerlich anzuwenden):

Von der Winterlinde 30 Gramm Holz mit 1 Liter Wasser auf kleiner Flamme 15 Minuten kochen lassen. Diese Zubereitung im Laufe von 2 Tagen trinken.

Konzentration

Essenz herstellen aus Knospen, Blättern und kleinen Zweigen der Kastanie und Berkristall. 3 mal täglich in das aurische Feld sprühen.

Kopfschmerzen

Linde (innerlich anzuwenden):

30 Gramm getrocknete Blüte mit 1 Liter siedendem Wasser begießen. 10 Minuten ziehen lassen.

Krampfader

Roßkastanie (innerlich anzuwenden):

40 Garmm getrocknete Rinde von jungen Zweigen mit 1 Liter Wasser übergießen. 10 Minuten kochen lassen. Über einige Tage 2 mal täglich 1 Tasse voll trinken.

Lymphknotenentzündung

Ahorn (innerlich anzuwenden):

2 - 3 Blätter mit 1 Liter siedendem Wasser aufgießen. Abseihen. Täglich 1 Tasse voll trinken.

Mandelentzündung

Eiche (äußerlich anzuwenden):

Eichenbast auf 1 Liter Wasser. 10 Minuten kochen lassen. Abseihen. Als Gurgelwasser einsetzen.

Nervosität

Weide (innerlich anzuwenden):

40 Gramm Blätter mit 1 Liter siedendem Wasser übergießen. 10 Minuten kochen lassen. Täglich 2 Tassen trinken.

Neuralgie - Schmerzen entlang der Nervenbahnen

Esche (äußerlich anzuwenden):

Auf schmerzende Stelle eine Kompresse

Eschenblätter und Rinde. 50 Gramm auf 1 Liter Wasser. 20 Minuten kochen lassen.

Kirsche (innerlich anzuwenden):

30 Gramm Stiele auf 1 Liter siedendes Wasser. 10 Minuten ziehen lassen. Täglich 3 Tassen voll trinken. 3 - 5 Tage lang.

Nierensteine

Apfel (innerlich anzuwenden):

50 Gramm getrocknete unbehandelte Schalen mit 1 Liter siedendem Wasser übergießen. 15 Minuten ziehen lassen. Mehrere Tage je 1 Liter trinken.

Ödem - geschwollene Beine

Walnußbaum (äußerlich anzuwenden):

500 Gramm Blätter auf 4 Liter kaltes Wasser. 10 Minuten kochen lassen. Abseihen. Den Absud abkühlen lassen und Beine und Füße ins Wasser stellen.

Optimismus - Hoffnung

Essenz herstellen aus Birkenblättern und Zweigen in Verbindung mit echten Zitrin oder Topas. Über 14 Tage 2 mal täglich in das aurische Feld sprühen.

Rheuma

Birke - Tee:

Pflücke 10 schöne gesunde Birkenblätter (für 3 Tassen) und übergieße sie mit kochendem Wasser. Lasse sie 1 Minute ziehen und seihe ab. Zur Blutreinigung und allen Ausscheidungskranheiten wie Rheuma, Gicht, Steinen Hautausschlägen.

Birkensaft:

Erhältlich in jedem Reformhaus. Nur wer eine Birke im Garten hat kann sich selbst den Saft gewinnen. Frage deine Birke ob sie dazu bereit ist. Du fühlst es. Wenn die Birke bereit ist bohre ein 5mm großes Loch (März, April) in den Stamm. Stecke ein Röhrchen oder Strohhalm in das Loch und ein Gefäß darunter. So gewinnt man den Birkensaft (ca. 1 - 2 Liter). Danach verschließe das Loch mit Baumharz. Den Saft kühl und verschlossen lagern. Täglich 3 mal 1 - 2 Eßlöffel einnehmen. Gewürznelken und Zimt verhindern einige Zeit das Vergären.Schmerzen allgemein

Weide (äußerlich anzuwenden):

50 Gramm Blätter 2 Stunden in 1 Liter Weißwein. Vorsichtig in zugedecktem Gefäß köcheln lassen. Abseihen. Den Absud auf einen Lappen geben und dann auf die schmerzende Stelle legen.

Traum - Erinnerungsfähigkeit

Lärche:

1 Essenz herstellen mit Amethyst und Bergkristall. Vor dem Schlafengehen das aurische Feld damit einsprühen.

Wunden

Birke (äußerlich anzuwenden):

Spühlung

50 Gramm Blätter auf 1 Liter Wasser.

Windpocken

Buche (äußerlich anzuwenden):

100 Gramm Rinde auf 1 Liter Wasser aufsetzen. 10 Minuten kochen lassen. Abseihen. Die Windpocken damit überspülen.

Anhang

Die Rede des Häuptling Seattle vom Stamme der Duwamisch im Gebiet Washington, 1855

Als die Indianer noch ein Volk waren, das träumte und glaubte, sein Land und seine Bestimmung seien unteilbar...
Der große Häuptling in Washington sendet Nachricht, daß er unser Land zu kaufen wünscht.
Der große Häuptling sendet uns auch Worte der Freundschaft und des guten Willens. Das ist freundlich von ihm, denn wir wissen, er bedarf unserer Freundschaft nicht. Aber wir werden sein Angebot bedenken, denn wir wissen - wenn wir nicht verkaufen - kommt vielleicht der weiße Mann mit Gewehren und nimmt sich unser Land.
Wie kann man den Himmel kaufen oder verkaufen - oder die Wärme der Erde?
Diese Vorstellung ist uns fremd. Wenn wir die Frische der Luft und das Glitzern des Wassers nicht besitzen - wie könnt Ihr sie von uns kaufen?
Jeder Teil dieser Erde ist meinem Volk heilig, jede glitzernde Tannennadel, jeder sandige Strand, jeder Nebel in den dunklen Wäldern, jede Lichtung, jedes summende Insekt ist heilig in den Gedanken und Erfahrungen meines Volkes. Der Saft, der in den Bäumen steigt, trägt die Erinnerung des roten Mannes. Die Toten der Weißen vergessen das Land ihrer Geburt, wenn sie fortgehen, um unter den Sternen zu wandeln. Unse-

re Toten vergessen dieser wunderbare Erde nie, denn sie ist des roten Mannes Mutter.
Wir sind ein Teil der Erde und sie ist ein Teil von uns. Die duftenden Blumen sind unsere Schwestern, die Rehe, das Pferd der große Adler - sind unsere Brüder. Die felsigen Höhen, die saftigen Wiesen, die Körperwärme des Ponys - und des Menschen - sie alle gehören zur gleichen Familie.
Wenn also der große Häuptling in Washington uns Nachricht sendet, daß er unser Land zu kaufen gedenkt - so verlangt er viel von uns.
Der große Häuptling teilt uns mit, daß er uns einen Platz gibt, wo wir angenehm und für uns leben können. Er wird unser Vater sein und wir seine Kinder.
Aber kann das jemals dein? Gott liebt euer Volk und hat seine roten Kinder verlassen.
Er schickt Maschinen, um dem weißen Mann bei seiner Arbeit zu helfen und baut große Dörfer für ihn. Er macht Euer Volk stärker, Tag für Tag. Bald werdet Ihr das Land überfluten, wie Flüsse Schluchten hinabstürzen nach einem unerwarteten Regen. Mein Volk ist wie eine ebene Gezeit - aber ohne Wiederkehr.
Nein, wir sind verschiedene Rassen. Unsere Kinder spielen nicht zusammen und unsere Alten erzählen andere Geschichten.
Glänzendes Wasser, das sich in Bächen und Flüssen bewegt, ist nicht nur Wasser - sondern das Blut unserer Vorfahren. Wenn wir euch Land verkaufen, müßt Ihr wissen, daß es heilig ist und Eure Kinder lehren, daß es heilig ist und daß jede Spiegelung im klaren Wasser der Seen von Ereignissen und Überlieferungen aus dem Leben mei-

nes Volkes erzählt. Das Murmeln des Wassers ist die Stimme meiner Vorväter.
Die Flüsse sind unsere Brüder - sie stillen unseren Durst. Die Flüsse tragen unsere Kanus und nähren unsere Kinder. Wenn wir Euch Land verkaufen, so müßt Ihr Euch daran erinnern und Eure Kinder lehren:
Die Flüsse sind unsere Brüder - und Eure - und Ihr müßt von nun an den Flüssen Eure Güte geben, so wie jedem anderen Bruder auch.
Der rote Mann zog sich immer zurück vor dem eindringenden weißen Mann - so wie der Frühnebel in den Bergen vor der Morgensonne weicht. Aber die Asche unserer Väter ist heilig, ihre Gräber sind geweihter Boden und so sind diese Hügel, diese Bäume und dieser Teil der Erde uns geweiht. Wir wissen, daß der weiße Mann unsere Art nicht versteht. Ein Teil des Landes ist ihm gleich jedem anderen, denn er ist ein Fremder, der kommt in der Nacht und nimmt von der Erde, was immer er braucht. Die Erde ist sein Bruder nicht, sonder Feind, und wenn er sie erobert hat, schreitet er weiter. Er läßt die Gräber seiner Väter zurück - und kümmert sich nicht. Er stiehlt die Erde von seinen Kindern - und kümmert sich nicht. Er behandelt seine Mutter, die Erde und seinen Bruder, den Himmel, wie Dinge zum kaufen und plündern, zum Verkaufen wie Schafe oder glänzende Perlen.
Sein Hunger wird die Erde verschlingen und nichts zurücklassen als eine Wüste. Ich weiß nicht - unsere Art ist anders als die Eure. Der Anblick Eurer Städte schmerzt die Augen des roten Man-

nes. Vielleicht, weil der rote Mann ein Wilder ist und nicht versteht?
Es gibt keine Stille in den Städten der Weißen. Das Geklappere scheint unsere Ohren nur zu beleidigen. Was gibt es schon im Leben, wenn man nicht den einsamen Schrei des Zeigenmelkervolges hören kann oder das Gestreite der Frösche am Teich bei Nacht. Ich bin ein roter Mann und verstehe das nicht. Die Indianer mag das sanfte Geräusch des Windes, der über eine Teichfläche streicht - und den Geruch des Windes, gereinigt vom Mittagessen - oder schwer vom Duft der Kiefern.
Die Luft ist kostbar für den roten Mann - denn alle Dinge teilen denselben Atem - das Tier, der Baum, der Mensch - alle teilen denselben Atem. Der weiße Mann scheint die Luft, die er atmet, nicht zu bemerken, wie ein Mann, der seit vielen Tagen stirbt, ist er abgestumpft gegen den Gestank.
Aber wenn wir Euch unser Land verkaufen, dürft Ihr nicht vergessen, daß die Luft kostbar ist. Der Wind gab unseren Vätern den ersten Atem und empfängt den letzten. Und wenn wir Euch unser Land verkaufen, so müßt Ihr es als ein besonderes und geweihtes schätzen, als einen Ort, wo auch der weiße Mann spürt, daß der Wind süß duftet von den Wiesenblumen.
Das Ansinnen, unser Land zu kaufen, werden wir bedenken, und wenn wir uns entschließen anzunehmen, so nur unter einer Bedingung:
Der weiße Mann muß die Tiere des Landes behandeln wie seine Brüder.

Ich bin ein Wilder und verstehe nicht anders. Ich habe tausend verrottende Büffel gesehen, vom weißen Mann zurückgelassen - erschossen aus einem vorbeifahrenden Zug. Ich bin ein Wilder und kann nicht verstehen, wie das qualmende Eisenpferd wichtiger sein soll als der Büffel, den wir nur töten um am Leben zu bleiben.
Was ist der Mensch ohne Tiere? Wären alle Tiere fort, so stürbe der Mensch an großer Einsamkeit des Geistes. Was immer den Tieren geschieht - geschieht auch bald den Menschen. Alle Dinge sind miteinander verbunden. Was die Erde befällt, befällt auch die Söhne der Erde.

Lehrt Eure Kinder, was wir unsere Kinder lehren: Die Erde ist Eure Mutter. Wenn Menschen auf die Erde spucken, bespeien sie sich selbst.
Denn das wissen wir - die Erde gehört nicht den Menschen - der Mensch gehört der Erde. Der Mensch schuf nicht das Gewebe des Lebens, er ist darin nur eine Faser. Was immer Ihr dem Gewebe antut, das tut Ihr Euch selber an.
Nein, Tag und Nacht können nicht zusammenleben.
Unsere Toten leben fort in den süßen Flüssen der Erde, kehren wieder mit des Frühlings leisem Schritt, und es ist ihre Seele im Wind, der die Oberfläche der Teiche kräuselt.
Das Ansinnen des weißen Mannes, unser Land zu kaufen, werden wir bedenken. Aber mein Volk fragt: Was will der weiße Mann kaufen? Wie kann man den Himmel oder die Wärme der Erde kaufen oder die Schnelligkeit der Antilope? Wie können wir Euch diese Dinge verkaufen - und wie

könnt Ihr sie kaufen? Könnt Ihr denn mit der Erde tun, was Ihr wollt - nur weil der rote Mann ein Stück Papier unterzeichnet - und es dem weißen Manne gibt? Wenn wir die Frische der Luft oder das Glitzern des Wassers nicht besitzen - wie könnt Ihr sie von uns kaufen? Könnt Ihr die Büffel zurückkaufen, wenn der letzte getötet ist?

Wir werden Euer Angebot bedenken, in das Reservat zu gehen. Unsere Kinder sehen ihere Väter gedemütigt und besiegt. Unsere Kinder wurden beschämt. Nach Niederlagen verbringen sie ihre Tage müßig - vergiften ihre Körper mit süßer Speise und starkem Trunk. Es ist unwichtig, wo wir den Rest unserer Tage verbringen. Es sind nicht mehr viele.
Aber warum soll ich trauern über den Untergang meines Volkes? Völker bestehen aus Menschen - nichts anderem. Menschen kommen und gehen wie die Wellen im Meer. Eines wissen wie, was der weiße Mann eines Tages erst entdeckt: Unser Gott ist derselbe Gott. Ihr denkt vielleicht, daß Ihr ihn besitzt - so wie ihr unser Land zu besitzen trachtet - aber das könnt Ihr nicht. Er ist der Gott der Menschen - gleichermaßen der Roten und der Weißen. Dieses Land ist ihm wertvoll und die Erde zu verletzen heißt, ihren Schöpfer zu verachten. Auch die Weißen werden vergehen, eher vielleicht als alle anderen Stämme. Fahret fort, Euer Bett zu verseuchen und eines Nachts werdet Ihr im eigenen Abfall ersticken. Aber in Eurem Untergang werdet Ihr hell strahlen, angefeuert von der Stärke des Gottes, der Euch in dieses Land brachte und Euch bestimmte, über dieses Land und

den roten Mann zu herrschen. Diese Bestimmung ist uns ein Rätsel.
Wenn die Büffel alle geschlachtet sind - die wilden Pferde gezähmt - die heimlichen Winkel des Waldes schwer vom Geruch vieler Menschen - und der Anblick reifer Hügel geschändet von redenden Drähten - wo ist das Dickicht - fort; wo ist der Adler - fort - und was bedeutet es, Lebewohl zu sagen dem schnellen Pony und der Jagd:
Das Ende des Lebens und der Beginn des Überlebens.
Gott gab Euch Herrschaft über die Tiere, die Wälder und den roten Mann aus einem besonderen Grund - doch dieser Grund ist uns ein Rätsel.
Vielleicht können wir es verstehen, wenn wir wüßten, wovon der weiße Mann träumt - welche Hoffnungen er seinen Kindern an langen Winterabenden schildert - und welche Visionen er in ihre Vorstellungen brennt, so daß sie sich nach einem Morgen sehnen.
Aber wir sind Wilde - die Träume des weißen Mannes sind uns verborgen. Und weil sie uns verborgen sind, werden wir unsere eigenen Wege gehen.
Das ist nicht viel, was uns verbindet. Doch eines wissen wir - unser Gott ist derselbe Gott. Diese Erde ist ihm heilig. Selbst der weiße Mann kann der gemeinsamen Bestimmung nicht entgehen.
Vielleicht sind wir doch Brüder.

Wir werden sehen.

LITERATURLISTE

Aichele/ Schwegler
Welcher Baum ist das ?
Franckh - Cosmos Verlag

Aman
Bäume und Sträucher des Waldes
Verlag J. Neumann

Bach, Edward
Blüten die Heilen
Wilhelm Heyne Verlag

Becker, Udo
Lexikon der Symbole
Verlag Herder, Freiburg 1992

Das Beste (Verlag)
Geheimnisse und Heilkräfte der Pflanzen
Zürich

Biedermann, Hans
Knaurs Lexikon der Symbole
München 1989

Blomfeld, John
Der Taoismus
Diederichs Gelbe Reihe; 61 China 1986

BLV Bestimmungsbuch
Bäume und Sträucher
BLV Verlagsgesellschaft

Hecker, Ulrich
Nadelgeholz
Büchergilde Gutenberg

Johannes vom Kreuz
Lebendige Liebesflamme
Kosel - Verlag, 1979

Meister Eckehart
Quint, Josef
C. Hanser Verlag
Ründen 1978

...aus unserem Verlagsangebot:

Daß Edelsteine Heilkräfte besitzen, ist den Menschen seit den frühesten Kulturen bekannt. Im vorliegenden Buch wird diese nachweisliche Einwirkung der Edelsteine auf Körper und Seele detailliert aufgeführt. Darüber hinaus findet der interessierte Leser zu jedem vorgestellten Edelstein eine mineralogische Erläuterung, die dem aktuellen Stand der Wissenschaft angeglichen ist.

ISBN 3-9803353-2-1

„Öffnung der Seelentore“

Meditationen mit Ulrike Scharner

Licht- und Baum-Meditation

ca. 50 Minuten, MC

In der Lichtmeditation öffnet sich der Meditierende für das kosmische Licht, welches seinen Körper wie ein Gefäß auffüllt und alle Körperorgane mit harmonisierenden, reinigenden und heilenden Schwingungen erfüllt. Im darauffolgenden Zustand des „Überfließens“ können entweder durch Sammlung und Konzentration von Licht verstärkt in Problemzonen Selbstheilungskräfte aktiviert und Blocka-

den gelöst werden, oder die konzentrierte Lichtenergie wird an andere weitergegeben. Dies ist gerade deshalb eine sehr kraftvolle Übung, weil geordnetes Licht auf allen Ebenen als Informationsträger und -übermittler dient, auch auf der stofflichen und intermolekularen Ebene und auch dort ordnende Funktionen erfüllt. Die Lichtmeditation ist eine ausgezeichnete Übung am Morgen, die im Menschen zusätzliche Energien freisetzt und ihn für die Aufgaben des Tages vorbereitet und stärkt. So setzen sich auch in schwierigen Situationen positive Gedanken durch.
Jeder Mensch hat eine geistige Führung, sein höheres Selbst. In der Baum-Meditation wird der Meditierende zu „seinem" Baum geführt, der ihm Ruhe, Entspannung, Frieden und Stärke vermittelt. Dort stellt er die Verbindung zu seinem höheren Selbst her. In diesem Zustand kann er z.B. Lösungen für schwierige Problemsituationen finden, die er in Form von Bildern und Symbolen wahrnimmt. Auch in dieser Meditation erfüllt heilende Lichtenergie alle Körper.

Delphin-Meditation

ca. 50 Minuten, MC

Die Delphin-Meditation weist den Meditierenden mit dem Delphin als Führer in einen tiefen Entspannungszustand, der über das Herzchakra eingeleitet wird. Und aus der Weite des Unterbewußtseins erwachsen Heiterkeit und Liebe, die Gefühlsblockaden auflösen.

☞ zu beziehen bei:

Verlag Asinel
Kaiserstraße 23
D-31785 Hameln
Tel.:0 5151 - 95 92 92
Fax:0 5151 - 95 92 93

Notizen

Samstag, 25. Dez. 93

So sehr hat mich lange kein Buch mehr fasziniert. Etwas Neues beginnt für mich damit; die Natur beginnt sich mir zu zeigen. Wie blind, wie taub, wie verbindungslos ich bisher durch die Welt laufe. Erdenfern-Sternennah  Das erinnert mich an die Weihnachtsgeschichte: die 3 Könige finden das Christuskind nur mit Hilfe der Hirten. Heute ist Weih-Nacht – das Licht ist geboren. Ich mache mich auf den Weg, es zu finden. "Alles ist"

Notizen

Notizen

Notizen